内蒙古自治区社会经济发展蓝皮书·第三辑

总主编 / 杜金柱　侯淑霞

内蒙古自治区
财政发展报告
（1978—2018）

主　编◎贾智莲　白恩来
副主编◎彭　羽　李秀梅　李　婷　张子玉

THE REPORT OF FINANCIAL DEVELOPMENT
ON INNER MONGOLIA（1978—2018）

经济管理出版社
ECONOMY & MANAGEMENT PUBLISHING HOUSE

图书在版编目（CIP）数据

内蒙古自治区财政发展报告：1978～2018/贾智莲，白恩来主编. —北京：经济管理出版社，2018.11

ISBN 978-7-5096-6287-8

Ⅰ.①内… Ⅱ.①贾… ②白… Ⅲ.①地方财政—研究报告—内蒙古—1978—2018 Ⅳ.①F812.726

中国版本图书馆 CIP 数据核字（2018）第 294041 号

组稿编辑：王光艳
责任编辑：李红贤
责任印制：黄章平
责任校对：赵天宇

出版发行：经济管理出版社
（北京市海淀区北蜂窝 8 号中雅大厦 A 座 11 层　100038）
网　　址：www.E-mp.com.cn
电　　话：（010）51915602
印　　刷：唐山玺诚印务有限公司
经　　销：新华书店
开　　本：720mm×1000mm/16
印　　张：12
字　　数：202 千字
版　　次：2019 年 8 月第 1 版　2019 年 8 月第 1 次印刷
书　　号：ISBN 978-7-5096-6287-8
定　　价：98.00 元

·版权所有　翻印必究·
凡购本社图书，如有印装错误，由本社读者服务部负责调换。
联系地址：北京阜外月坛北小街 2 号
电话：（010）68022974　　邮编：100836

内蒙古自治区社会经济发展蓝皮书·第三辑

丛书编委会

总主编： 杜金柱　侯淑霞

编　委： 金　桩　柴国君　王世文　王香茜　冯利伟　冯利英
　　　　　吕　君　许海清　吕喜明　张术麟　张启智　张建斌
　　　　　金　良　娜仁图雅(1)　娜仁图雅(2)　赵秀丽
　　　　　徐全忠　陶克涛　曹　荣　贾智莲　张智荣　曹　刚

总 序

2018年是党的十九大的开局之年和改革开放40周年，在以习近平同志为核心的党中央坚强领导下，内蒙古自治区各族人民深入学习贯彻党的十九大和十九届二中、三中全会精神，全面落实党中央、国务院的决策部署，积极应对各种困难和挑战，锐意进取，扎实工作，全区经济社会持续健康发展，地区生产总值增长5.3%，一般公共预算收入增长9.1%，城乡常住居民人均可支配收入分别增长7.4%和9.7%，取得了令人瞩目的成绩，唤起了社会各界深度了解内蒙古自治区社会经济发展情况的迫切愿望。

为系统描绘内蒙古自治区社会经济发展的全景图谱，为内蒙古自治区社会经济发展提供更多的智力支持和决策信息服务，2013年、2016年，内蒙古财经大学分别组织校内学者编写了《内蒙古自治区社会经济发展研究报告丛书》，两套丛书出版以来，受到社会各界的广泛关注，也成为社会各界深入了解内蒙古自治区的一个重要窗口。2019年，面对过去一年社会经济发展形势的风云激荡，内蒙古财经大学的专家学者们再接再厉，推出全新的《内蒙古自治区社会经济发展蓝皮书》，丛书的质量和数量均有较大提升，力图准确诠释2018年内蒙古自治区社会经济发展的诸多细节，以文思哲理为中华人民共和国成立70周年献礼。书目包括《内蒙古自治区体育产业发展报告（2018）》《内蒙古自治区服务贸易发展报告（2018）》《内蒙古自治区劳动力市场发展研究报告（2018）》《内蒙古自治区财政发展报告（2018）》《内蒙古自治区区域经济综合竞争力发展报告（2018）》《内蒙古自治区文化产业发展研究报告（2018）》《内蒙古自治区社会保障发展报告（2018）》《内蒙古自治区工业发展研究报告（2018）》《内蒙古自治区投资发展报告（2018）》《内蒙古自治区资源环境发展研究报告（2018）》《内蒙古自治区"双创"指数研究报告（2018）》《内蒙古自治区云计算产业发展报告（2018）》《内蒙古自治区农业发展报告（2018）》《内蒙古自治区战略性新兴产业发展报告（2018）》《蒙古国经济发展现状与展望（2018）》《内蒙古自治区金融发展报告（2018）》《内蒙古自治区旅游业发展报告（2018）》《内蒙古自治区物流业发展报告（2018）》《内蒙古自治区能源发展报告（2018）》《内蒙古自治区对外经济贸易发展研究报告（2018）》《内蒙古自治区中小企业研究报告（2018）》《内蒙古自治区区域经济发展报告（2018）》《内蒙古自治区商标品牌发展报告（2018）》《内蒙古自治区知识产权发展报告（2018）》。

中国特色社会主义进入新时代的伟大实践，需要独有的思想意识、价值意念和技术手段的支持，从而形塑更高层次的经济和社会发展格局。以习近平中国特色社会主义思想为指引，践行社会主义核心价值观，筑牢使命意识，恪守学术操守，应是当代中国学者的既有担当。正是基于这样的基本态度，我们编撰了本套丛书，丛书崇尚学术精神，坚持专业视角，客观务实，兼容并蓄，兼具科学研究性、实际应用性、参考指导性，希望能给读者以启发和帮助。

丛书的研究成果或结论属个人或研究团队的观点，不代表单位或官方结论。受客观环境及研究者水平所限，特别是信息、技术、价值观等迭代加速以及杂多变国内外形势复杂多见，社会科学研究精准描述的难度和发展走向的预测难度增大，如若书中结论存在不足之处，恳请读者指正。

编委会
2019 年 7 月

前　言

作为民族区域自治制度的发源地，内蒙古自治区在促进全国经济社会发展和维护边疆繁荣稳定的大局中具有重要的战略地位。改革开放40年来，内蒙古自治区利用区位优势和资源优势，全面贯彻落实科学发展观，坚持和完善民族区域自治制度，深入落实西部大开发和振兴东北地区等老工业基地战略，充分利用自然资源丰富、区位条件独特等比较优势，以加快转变经济发展方式为主线，以深化改革、扩大开放为动力，大力培育新的经济增长点，促进城乡和区域协调发展，加强生态保护和基础设施建设，着力保障和改善民生，不断提高公共服务能力，国民经济和社会发展发生了翻天覆地的变化。特别是党的十八大以来，以习近平同志为核心的党中央，承前启后，继往开来，奋力推进改革开放伟大事业，中国特色社会主义发展进入新时代，自治区经济社会发展取得历史性突破，为决胜全面建成小康社会、打造祖国北疆亮丽的风景线奠定了坚实的基础。

改革开放40年来，自治区经济社会发展取得了一系列令人瞩目的成绩。自治区经济总量实现了历史性跨越，综合实力显著增强。地区生产总值1978年为58.04亿元，2017年达到16103.2亿元，按不变价格算，2017年比1978年增长74.2倍，年均增长11.7%，快于同期全国平均增速2.2个百分点。人均生产总值按不变价格计算比1978年增长了53.5倍，年均增长10.8%。人均经济总量排位由1978年全国的第17位进入2017年的第9位。一般公共预算收入在2017年达到1703.2亿元，比1978年增长245.9倍，年均增长15.2%。特别是进入21世纪后，财政收入进入快速增长阶段。2002年，一般公共预算收入跃上百亿元新高，2010年又跨过千亿元门槛。城乡居民收入从1978年的301元和131元增加到2017年的35670元和12584元，扣除价格因素，分别比1978年实际增长16.8倍和14.5倍，年均分别实际增长7.7%和7.3%。教育、卫生、社会保障等城乡基本公共服务供给水平和均等化水平都获得极大的改善。但是，我们也清醒地认识到，当前，面对国际、国内经济错综复杂的境况，内蒙古自治区经济发展基础仍不牢固，正处于思维变革期、政策调整期，矛盾凸显期共存的非常时期，投资下滑导致需求侧拉动乏力，产业接续转换缓慢导致发展支撑性不足，地方债务风险加剧，财政收支增幅大幅度缩减，环保督查整改力度加大，人口老龄化加剧等多重因素叠加，从而在一定程度上制约了内蒙古自治区经济的增长。与此同时，经济社会发展不平衡、不充分的矛盾依然突出。

2018年是改革开放40周年，也是全面贯彻党的十九大精神的开局之年和全面建成小康社会的关键之年。在这承前启后的重要历史节点。本书回顾了改革开放40年内蒙古自治区财政经济运行的总体情况，从全区财政收入、财政支出、财政管理体制和盟市财政运行情况四个方面做了详细梳理，总结经验，发现问题，最后提出促进内蒙古自治区财政可持续发展的对策建议。在研究方法上，采取定性分析和定量分析相结合进行研究，既重视从基本理论和制度层面来分析问题，又借助实证研究方法解释具体的经济现象，定性分析与定量分析有机结合起来，为政策的制定提供理论和经验依据，强调立足区情、实事求是。

本书的写作从2015年5月开始，历时6个月。在此期间，内蒙古财经大学财政税务学院财政系的各位老师付出了辛勤的努力。本书由贾智莲教授设计框架并组织分工写作。各章分工如下：第一章由贾智莲撰写，第二章由李秀梅副教授撰写，第三章由彭羽博士撰写，第四章由张子玉老师撰写，第五章由李婷博士撰写，第六章由白恩来副教授撰写，贾智莲教授负责统稿。研究生阿拉坦图雅、苗凤英参加了数据的收集处理和文稿的校对工作，在此表示感谢。

本书在写作过程中得到内蒙古财经大学科研处的大力支持与资助，在此表示衷心感谢！

由于时间紧，研究时间跨度大，收集处理的信息难免有疏漏之处，对于报告中的错漏和不足恳请读者朋友指正。

目　录

第一章　内蒙古自治区宏观经济运行
——改革开放40年来的回顾与分析 ············ 1

第一节　改革开放40年来宏观经济运行分析 ············ 2
　　一、经济总量实现历史性跨越，综合实力显著增强 ············ 2
　　二、产业结构得到进一步优化 ············ 2
　　三、固定资产投资硕果累累 ············ 5
　　四、城镇化水平显著提高 ············ 6
　　五、城乡居民收入明显改善 ············ 8
　　六、居民消费水平不断提高，消费结构日趋优化 ············ 9
　　七、对外开放活力增强，开放水平全面提升 ············ 10
　　八、公共服务供给水平得到显著提高 ············ 11
　　九、生态环境保护与污染防治得到加强 ············ 15

第二节　宏观经济运行面临的挑战 ············ 16
　　一、经济增长动能不足，下行压力大 ············ 16
　　二、经济社会发展不平衡与不充分的矛盾依然突出 ············ 18

第二章　改革开放40年内蒙古自治区财政收入分析 ············ 20

第一节　财政收入相关统计指标说明 ············ 21
　　一、财政收入统计方法 ············ 22

二、衡量指标说明 …………………………………………………… 25
第二节　改革开放到分税制改革前的内蒙古自治区财政收入状况
　　　　（1979～1993年） …………………………………………… 26
　　一、财政收入规模分析 ……………………………………………… 26
　　二、财政收入结构分析 ……………………………………………… 30
第三节　分税制改革后到政府收支分类改革前的内蒙古自治区财政收入
　　　　（1994～2006年） …………………………………………… 31
　　一、财政收入规模分析 ……………………………………………… 31
　　二、财政收入结构分析 ……………………………………………… 34
第四节　收支分类改革到全口径预算改革前的内蒙古自治区财政收入
　　　　（2007～2013年） …………………………………………… 37
　　一、财政收入规模分析 ……………………………………………… 37
　　二、财政收入的结构分析 …………………………………………… 39
第五节　全口径预算下的内蒙古自治区财政收入 ……………………… 47
　　一、财政收入规模分析 ……………………………………………… 47
　　二、财政收入结构分析 ……………………………………………… 48
第六节　内蒙古自治区财政收入可持续增长评析 ……………………… 49
　　一、结论 ……………………………………………………………… 49
　　二、内蒙古自治区财政收入可持续增长对策分析 ………………… 50

第三章　改革开放40年内蒙古自治区财政支出分析 …………………… 53

第一节　生产建设型的内蒙古自治区财政支出状况（1978～1993年） …… 54
　　一、财政支出总量稳步增加 ………………………………………… 54
　　二、财政支出结构日趋完善 ………………………………………… 55
第二节　分税制财政改革中的内蒙古自治区财政支出状况
　　　　（1994～1997年） …………………………………………… 57
　　一、分税制财政改革中各级财政支出范围重新划分 ……………… 57
　　二、1994～1997年财政支出规模 …………………………………… 58
　　三、1994～1997年财政支出结构 …………………………………… 58
第三节　公共财政框架下的内蒙古自治区财政支出状况

　　　　　（1998～2006年） …………………………………………………… 60
　　　一、财政支出规模不断上升 …………………………………………… 60
　　　二、财政支出结构不断优化 …………………………………………… 61
　　第四节　以民生财政为重点的内蒙古自治区财政支出（2007～2013年） … 62
　　　一、地方财政支出规模不断上升 ……………………………………… 62
　　　二、财政支出结构不断优化 …………………………………………… 64
　　　三、内蒙古自治区民生财政支出情况 ………………………………… 68
　　第五节　推进改革发展新跨越的内蒙古自治区财政支出状况
　　　　　（2014～2018年） …………………………………………………… 74
　　　一、2014～2018年一般公共预算支出规模 ………………………… 75
　　　二、2014～2018年一般公共预算支出结构 ………………………… 76
　　　三、2018年内蒙古自治区一般公共预算支出安排 ………………… 77
　　第六节　内蒙古自治区财政支出展望（2020年） ……………………… 81
　　　一、落实积极财政政策，促进经济稳定增长 ………………………… 82
　　　二、支持打好精准脱贫攻坚战 ………………………………………… 82
　　　三、支持深化供给侧结构性改革 ……………………………………… 83
　　　四、促进城乡区域协调发展 …………………………………………… 83
　　　五、建立保障和改善民生的长效机制 ………………………………… 83

第四章　改革开放40年内蒙古自治区财政体制的变迁 ……………… 85

　　第一节　中央与内蒙古自治区财政关系的变迁 ………………………… 86
　　　一、改革开放前混乱的财政管理体制亟待改革（1978～1980年） … 86
　　　二、"分灶吃饭"与财政包干（1980～1993年） ……………………… 88
　　　三、分税制阶段（1994～2000年） …………………………………… 94
　　　四、"后分税制时代"财政管理体制的改革（2000年至今） ………… 98
　　第二节　自治区以下财政关系的变迁 …………………………………… 106
　　　一、改革开放初期自治区以下财政关系（1978～1980年） ………… 106
　　　二、财政包干阶段（1980～1993年） ………………………………… 107
　　　三、分税制改革（1994～2000年） …………………………………… 110
　　　四、"后分税制时代"自治区的财政体制改革（2000年至今） ……… 116

第五章 改革开放40年内蒙古自治区盟市财政运行分析 ········· 121

第一节 改革开放以来的内蒙古自治区盟市经济发展回顾 ········· 122
一、内蒙古自治区盟市经济发展特征 ········· 122
二、内蒙古自治区盟市经济发展历程 ········· 124

第二节 内蒙古自治区盟市经济发展现状 ········· 126
一、各盟市宏观经济总量 ········· 126
二、盟市产业结构的差异 ········· 129
三、各盟市基础设施建设的差异 ········· 132
四、各盟市金融比例 ········· 133
五、各盟市城乡居民收入水平及差距 ········· 134

第三节 改革开放后内蒙古自治区盟市财政运行比较分析 ········· 135
一、各盟市财政自给率 ········· 136
二、中部地区财政运行情况 ········· 137
三、西部地区财政运行情况 ········· 139
四、东部地区财政运行情况 ········· 141

第四节 内蒙古自治区盟市财政经济发展的计量分析 ········· 142
一、研究方法 ········· 142
二、指标选取与说明 ········· 143
三、实证分析 ········· 144

第六章 促进内蒙古自治区财政可持续发展的建议 ········· 148

第一节 财政可持续发展界定 ········· 150
第二节 财政可持续发展与现代财政制度 ········· 151
第三节 新常态下财政可持续发展的政策着力点 ········· 153
一、财政收入政策的着力点：减税清费 ········· 153
二、财政投融资政策的着力点：融资模式创新 ········· 154
三、财政支出政策的着力点：投资结构与资金效率的优化 ········· 155
四、财政制度供给侧改革着力点：深化财税体制改革 ········· 156
第四节 内蒙古自治区财政运行情况 ········· 157

一、财政运行概况 …………………………………………… 157
　　二、财政实力分析 …………………………………………… 158
　　三、债务状况分析 …………………………………………… 160
第五节　推进财政可持续发展的思路 ……………………………… 162
　　一、更新财政可持续发展理财观念 ………………………… 162
　　二、创新财政可持续发展体制机制 ………………………… 164
　　三、夯实财政可持续发展队伍保障 ………………………… 165
　　四、增强财政可持续发展工作合力 ………………………… 166
第六节　内蒙古自治区财政可持续发展的对策和措施 …………… 167
　　一、预算可持续 ……………………………………………… 167
　　二、财政体制可持续 ………………………………………… 169
　　三、税收体系可持续 ………………………………………… 172

参考文献 ………………………………………………………………… 174

第一章

内蒙古自治区宏观经济运行
——改革开放40年来的回顾与分析

1978年,党的十一届三中全会做出了把党和国家工作中心转移到经济建设上来的历史性抉择,开启了中国改革开放的新纪元。改革开放40年来,内蒙古自治区充分利用区位优势和资源优势,实现了从计划经济体制到充满活力的社会主义市场经济体制的转型,国民经济和社会发展发生了翻天覆地的变化。

第一节 改革开放 40 年来宏观经济运行分析

一、经济总量实现历史性跨越，综合实力显著增强

改革开放的 40 年是内蒙古自治区国民经济社会事业快速发展的 40 年，自治区经济总量实现了历史性跨越，综合实力显著增强。地区生产总值 1978 年为 58.04 亿元，2017 年达到 16103.2 亿元，按不变价格算，比 1978 年增长 74.2 倍，年均增长 11.7%，快于同期全国平均增速 2.2 个百分点。1996~2016 年生产总值增速连续 21 年增速快于全国平均增速，特别是 2002~2009 年连续八年"蝉联"全国各省区市第一，形成了"内蒙古现象"（经济增长依然存在对资源的依赖）。经济总量在全国的排位已从 1978 年全国的第 25 位跃居到 2016 年的第 16 位。1978 年的人均生产总值 317 元，2017 年达到 63786 元，人均生产总值按不变价计算比 1978 年增长了 53.5 倍，年均增长 10.8%。人均经济总量排位由 1978 年全国的第 17 位进入到 2017 年的第 9 位。一般公共预算收入在 2017 年达到 1703.2 亿元，比 1978 年增长 245.9 倍，年均增长 15.2%。特别是进入 21 世纪后，财政收入进入快速增长阶段。2002 年，一般公共预算收入跃上了百亿元新高，2010 年又进入了千亿元大关。

二、产业结构得到进一步优化

改革开放以来，内蒙古自治区三次产业结构从 1978 年的 32.7∶45.4∶21.9，进一步优化调整为 2017 年的 10.2∶39.8∶50.0，由"二一三"结构转变为"三二一"的结构，经济由工业主导向第三产业主导加快转变。1978 年第一产业增加值 18.98 亿元，2017 年为 1647.2 亿元，比 1978 年增长 8.7 倍，年均增长 6.0%；1978 年第二产业增加值为 26.5 亿元，2017 年为 6408.6 亿元，增长 112.7 倍，年均增长 12.9%；1978 年第三产业增加值为 12.58 亿元，2017 年为 8047.4 亿元，增长 150.7 倍，年均增长 13.7%，快于第一产业、第二产业增速。

（一）农牧业基础地位得到巩固和加强

从种植业来看。2017 年，粮食产量达到 3254.5 万吨，比 1978 年增长 5.5 倍，在全国的排名由 1978 年的第 23 位跃居到 2017 年的第 9 位。1978 年的全年

农作物总播种面积482.4万公顷，2017年的播种面积901.4万公顷，比1978年增长86.9%。其中，1978年的粮食作物播种面积268.7万公顷，2017年的播种面积为678.1万公顷，增长65.6%；1978年的经济作物播种面积44.9万公顷，2017年的播种面积为222.5万公顷，增长4倍。1978年的油料产量12.5万吨，2017年的油料产量为240.7万吨，增长18.25倍；1978年的甜菜产量43.1万吨，2017年的甜菜产量为344.3万吨，增长6.99倍；1978年的蔬菜产量76.3万吨，2017年的蔬菜产量1378.8万吨，增长17.1倍。

表1-1 内蒙古自治区主要农畜产品产量和牲畜存栏数

种类	1978年	2017年	增长（倍）
粮食（万吨）	499.0	3254.5	5.5
油料（万吨）	12.5	240.7	18.25
甜菜（万吨）	43.1	344.3	6.99
蔬菜（万吨）	76.3	1378.8	17.1
肉类总产量（万吨）	20.8	267.6	11.87
猪肉	11.5	73.5	5.39
牛肉	3.1	59.5	18.19
羊肉	6.2	104.1	15.79
牧业年度牲畜存栏（万头、只）	3586.5	7441.9	1.07
大牲畜（万头）	659.3	824.4	0.25
羊（万只）	2378.1	6111.9	1.57

资料来源：内蒙古自治区统计局。

从畜牧业来看，1978年的全区牧业年度牲畜存栏头数达3586.5万头（只），2017年的存栏头数为7441.9万头（只），比1978年增长1.07倍，牛奶、羊肉、羊绒产量均居全国首位。1978年的大牲畜为659.3万头（只），2017年为824.4万头，增长0.25倍；1978年羊数量为2378.1万只，2017年为6111.9万只，增长1.57倍。1978年肉类总产量为20.8万吨，2017年的总产量为267.6万吨，比1978年增长11.87倍。其中，1978年的猪肉产量达到11.5万吨，2017年的产量为73.5万吨，增长5.39倍；1978年的牛肉产量达到3.1万吨，2017年的产量为59.5万吨，增长18.19倍；1978年的羊肉产量达到6.2万吨，2017年的产量为

104.1万吨，增长15.79倍。农牧业机械化水平提升。2017年，农牧业机械总动力3484万千瓦，综合机械化水平达到83.5%。

（二）结构比较齐全的工业体系基本形成

从主要工业产品产量来看，1978年全区原煤产量达2194万吨，2017年为90597.3万吨，增长40.3倍；1978年发电量达到37.78亿千瓦小时，2017年为4435.9亿千瓦小时，增长116.4倍。主要工业产量产能跃居全国前列。2017年，煤炭、稀土化合物、煤制油产能产量和发电装机容量、外送电量均居全国第一。第二产业汽车制造、光伏发电、电子设备制造等新兴工业实现了从无到有。战略性新兴产品产量不断增加，2017年，碳纤维增强复合材料增长1.1倍，光电子器件产量增长91.4%，智能电视增长25.4%，太阳能电池产量增长7.8%。云计算产业规模保持全国第一。优势特色产业不断发展壮大。2017年，六大优势产业增加值占规模以上工业增加值的90%以上。

表1-2 主要工业产品产量及增速

种类	1978年	2017年	增长（倍）
原煤（万吨）	2194	90597.3	40.3
发电量（亿千瓦小时）	37.78	4435.9	116.4
粗钢（万吨）	99	1983.5	19
钢材（万吨）	36.23	2002.7	54.3
平板玻璃（万重量箱）	11.83	988.4	82.6
水泥（万吨）	91.91	3045.3	32.1

资料来源：内蒙古自治区统计局。

（三）服务业得到快速发展

改革开放以来，随着经济的发展和人民消费水平的提高，人们对服务业的需求向多样化方向发展，各种现代服务业应运而生，快速发展。特别是党的十八大以来，内蒙古自治区把加快服务业发展作为一项战略重点任务，不断强化政策推进力度，先后制定出台了《加快服务业发展若干政策规定》《加快推进服务业发展的指导意见》《加快发展生产性服务业促进产业结构调整升级的实施意见》《服务业发展三年行动计划（2015~2017年）》等政策性文件，以及促进旅游、金融、电子商务、文化创意、健康、养老等服务业发展的一系列政策措施，内蒙古自治区服务业发展速度明显加快，由传统服务业为主向传统服务业与新兴服务业共同发展转变，成为新常态下拉动经济增长的新引擎、财政增收和吸纳就业的主力军。2014 年，第三产业就业人员数首次超过第一产业，2016 年第三产业就业人员占总就业人员比重达到 44.1%。旅游、金融、物流、信息、家政、健康、养老等新兴服务业发展成为新的经济增长点，成为供给侧结构性改革的重要推动力。内蒙古自治区旅游业呈现出平稳增长的发展态势。全域旅游、品牌创建、厕所革命、旅游扶贫、文明旅游等重点工作取得了明显成效。2017 年，内蒙古自治区接待国内外游客 1.2 亿人次，是 1980 年的上万倍，比 2000 年增长 14.0 倍；旅游业总收入 3440.1 亿元，是 1980 年的 8 万多倍，比 2000 年增长 79.5 倍。货运量明显提升。2017 年，内蒙古自治区货运量达 22.7 亿吨，比 1978 年增长 26.7 倍。金融对实体经济发展的保障能力不断提高。2017 年，金融业所占比重为 13.7%，实现了较快发展。伴随电子商务加快发展和消费市场转型升级，快递业发展较快，2017 年，快递业务量增长 30.3%。

三、固定资产投资硕果累累

改革开放以来，内蒙古自治区加大基础设施投资力度，1985 年，内蒙古自治区全年全社会固定资产投资总额 52.42 亿元，2017 年全社会固定资产投资总额 14404.6 亿元，比 1985 年增长 273.8 倍。从投资主体来看，1985 年国有经济单位投资 39.1 亿元，2017 年国有企业投资为 6647.5 亿元，增长 169 倍；1985 年集体单位投资 2.51 亿元，2017 年集体单位投资 92.6 亿元，增长 35.9 倍；1985 年个体投资为 10.81 亿元，2017 年个体投资为 225.5 亿元，增长 20 倍。从三次产业投资来看，1985 年第一产业投资为 4.85 亿元，2017 年第一产业投资为 891.1 亿元，增长 183 倍；1985 年第二产业投资为 25.69 亿元，2017 年第二产业投资为 5617.6 亿元，增长 218 倍；1985 年第三产业投资为 21.88 亿元，2017 年第三产业投资为 7895.9 亿元，增长 360 倍。按项目隶属关系分，1985 年地方项目完成投资 28.98 亿元，2017 年地方项目完成投资 13746.6 亿元，增长 474.3 倍；1985 年中央项目完成投资 23.44 亿元，2017 年中央项目完成投资 657.9 亿元，增长 27 倍。

基础设施投资建设硕果累累，居民生产和生活环境得到极大改善。在交通运输方面，初步建成综合交通运输网络。特别是党的十八大以来的五年间，全区新增铁路 3400 千米、高速和一级公路 5600 千米、民航机场 12 个，电力外送能力达 4400 万千瓦。2017 年，全区公路、铁路、民航建设分别完成投资 702.4 亿元、255.86 亿元和 14.1 亿元，民用机场数量达到 26 个；公路线路里程增加到 19.9 万千米，其中高速公路里程增加到 6340 千米；铁路线路营业里程增加到 1.4 万千米。在信息传输方面，互联网业务蓬勃发展。2017 年，全区互联网上网用户 2854.3 万户，比 2010 年增长 13.9 倍；固定宽带家庭普及率 58.3%；移动宽带用户普及率 86.4%。房地产开发迅猛发展。2017 年，房地产开发投资额为 889.7 亿元，比 1995 年增长 107.5 倍；企业 1803 家，比 1998 年增加 1591 家；商品房销售面积 2067.6 万平方米，比 1998 年增长 16.9 倍；商品房销售额 956.8 亿元，比 1998 年增长 82.2 倍。

四、城镇化水平显著提高

改革开放 40 年以来，随着撤盟设市和城镇化进程的推进，内蒙古自治区的城镇化率一直保持较快的增长趋势。党的十八大以来，内蒙古自治区深入实施《内蒙古自治区城镇体系规划（2017～2030 年）》，基本形成以呼包鄂城市群功能片区为引领，以锡赤通城镇带、呼伦贝尔—兴安盟城镇片区、乌海周边城镇片区为中心，"一核多中心，一带多轴线"城镇发展空间体系，呼包鄂城市群已初具规模。呼包鄂城市群整体竞争力和影响力显著增强，产业分工协作更加合理，基础设施网络初步建成，基本公共服务均等化基本实现，生态环境日益改善，带动以城市群为主体的大中小城市和小城镇协调发展的城镇格局初步形成。城市规模结构更加完善，区域中心城市辐射带动作用更加凸显。全区 20 个设市城市中，有大城市 2 个、中等城市 2 个、小城市 16 个、旗县城关镇 69 个、建制镇 388 个，大中小城市和小城镇协调发展的格局正在形成。内蒙古自治区把积极稳妥推进新型城镇化作为经济社会发展的重要动力，以加快产业和人口集聚为重点，不断提高城市综合承载力、集聚力和辐射力，呈现出城市规模快速扩张、城市体系不断完善、城市功能持续提升、城市综合实力显著提高、城市公共服务能力不断完善、城市居民生活水平明显改善、宜居性持续改善等良好态势。

1978 年末，全区常住人口为 1823.4 万人，其中，城镇人口为 397.5 万人，乡村人口为 1425.9 万人，常住人口城镇化率为 21.8%。男性人口为 957.8 万人，女性人口为865.6万人。全年出生人口为33.73万人，出生率为18.5‰；死亡人口为24.06万人，死亡率为5.2‰；人口自然增长率为13.3.‰。

2017年末，全区常住人口为2528.6万人，比1978年增加38.7%。其中，城镇人口为1568.2万人，乡村人口960.4万人，常住人口城镇化率达62.0%，高于全国同期的58.5%。比1978年提高40.2个百分点。男性人口为1305.2万人，女性人口为1223.4万人。全年出生人口为23.9万人，出生率为9.47‰；死亡人口为14.5万人，死亡率为5.74‰；人口自然增长率为3.73‰。人口出生率下降9.03%。65周岁以上人口251.1万人，占总人口比重9.9%。

表1-3 1978年末和2017年末内蒙古自治区人口及其构成对比

指标	1978年末人数（万人）	比重（%）	2017年末人数（万人）	比重（%）
全区总人口	1823.4	100	2528.6	100
其中：				
城镇	397.5	21.8	1568.2	62
乡村	1425.9	78.2	960.4	38
其中：				
男性	957.8	52.5	1305.2	52
女性	865.6	47.5	1223.4	48

资料来源：内蒙古自治区统计局。

1978~2017年，全区总人口增长38.7%，而城镇人口增长了2.9倍，并从2007年开始，超过乡村人口数量。城市承载能力和居住环境发生"跨越式"发展。城镇人口占总人口比重由1978年的21.8%上升到2017年的62.0%，上升了40.2个百分点，年均上升1.03个百分点。城市自来水生产能力由1978年的28.5万吨/日，提高到2016年的422.8万吨/日；城市实有道路长度由677千米提高到9728千米；公园由15个增加到265个。城市基础设施和公共服务设施逐步完善。城市综合服务能力大幅度提高，城市社区综合服务设施覆盖率达到100%。大中城市家庭宽带接入能力达到49.67兆位/秒。随着新型城镇化体系逐步形成，城市环境的日益改善，城镇居民生活水平和生活质量明显改善，城市居民安全感、获得感和幸福感显著提高。

五、城乡居民收入明显改善

改革开放以来,随着按劳分配为主体、多种分配方式并存的分配制度逐步形成,城乡居民收入水平不断提高,消费结构日趋优化,各族群众的获得感、幸福感显著提升,进入全面建成小康社会的决胜阶段。

(一)居民收入水平成倍增长

内蒙古自治区城乡居民的收入从结构单一转向多元化共同增长,城乡、区域和居民之间收入差距持续缩小,收入分配格局明显改善。从收入水平上看,内蒙古自治区城镇居民人均可支配收入显著提高,按照收入水平大致可分为五个阶段。第一阶段(1978~1989年):从301元增加到1053元;第二阶段(1990~2000年):从1155元增加到5129元;第三阶段(2001~2006年):2006年首破万元大关为10358元;第四阶段(2007~2011年):2011年增加到20408元;第五阶段(2012~2017年):从23150元增加到35670元。全区在岗职工平均工资由1978年的712元提高到2017年的67688元,年均增加12.4%。2017年全体居民人均可支配收入26212元,城镇居民人均可支配收入由1978年的301元增加到2017年的35670元;农牧民人均可支配收入由131元增加到12584元,扣除价格因素,分别比1978年实际增长16.8倍和14.5倍,年均分别实际增长7.7%和7.3%。特别是党的十八大以来,城乡居民收入差距持续缩小,由2013年的2.89%下降至2017年的2.83%。

(二)居民收入结构呈现多元化

居民收入结构发生了较大变化。城镇居民工资性收入占家庭总收入的比重逐年下降,经营性收入、财产性收入和转移性收入比重则逐年增长,收入格局越来越呈现出多元化发展的态势。1978年全区城镇居民工资性收入占家庭总收入的97.6%。2017年,这一比重下降至60.9%,由于市场经济体制逐步完善,从事个体经营成为居民就业和增加收入的重要途径,经营性收入占比上升到24.3%,财产净收入提高到5.1%。

内蒙古自治区作为典型的传统农牧业区,改革开放初期,农牧民收入结构十分单一,收入渠道狭窄。但近年来这一状况有所改观,家庭经营性纯收入占纯收入比重不断下降,工资、财产、转移等非农收入所占比重逐年提高,内蒙古自治区农牧民收入呈现出多元化趋势。随着农村经济中第二、第三产业比重的提高以及农民大量外出务工,工资性收入逐渐成为农牧民收入的重要来源,同时,土地流转为农牧民带来了更多财产性收入。2017年,农牧民人均可支配收入中,工资性收入占比上升到21.1%,财产净收入占比上升到4.1%。收入结构的多元化拓宽了增收渠道,提高了农牧民收入。

六、居民消费水平不断提高,消费结构日趋优化

居民收入水平的提高,为居民消费水平的提高提供了保障,由此带来了生活质量的全面改善。改革开放以来,内蒙古自治区城乡居民的消费结构和消费质量都发生深刻的变化。

(一)居民消费水平不断增长

1978年,内蒙古自治区城镇居民人均消费支出269元,农村居民人均消费支出138元。2017年,全体居民人均生活消费支出18946元,城镇常住居民人均生活消费支出23638元,农村牧区常住居民人均生活消费支出12184元。1978年,内蒙古自治区实现社会消费品零售总额仅36.8亿元。改革开放以来,伴随着经济转型,内蒙古自治区消费品市场得到极大的繁荣。消费规模不断扩大,消费结构升级,社会消费品零售总额2004年首次突破1000亿元,2008年突破2000亿元,2013年突破5000亿元,2017年突破7000亿元,达到7160.2亿元,1978~2017年全区社会消费品零售总额平均增速为14.2%,可以看出,消费品市场的规模稳步扩大,消费潜力不断释放,动力持续增强,为自治区经济发展做出了巨大贡献。

(二)居民消费结构进一步升级

1978年,内蒙古自治区城镇居民恩格尔系数为54.7%,2017年城镇居民家庭恩格尔系数为27.4%;1997年,农牧民恩格尔系数55%,2017年,农村牧区居民家庭恩格尔系数为27.8%。恩格尔系数下降标志着城乡居民的消费结构有了显著变化,以往以粮食为基本食物的单一结构被彻底改变,肉、蛋、奶、鱼、水果等消费量增多,膳食结构向营养、科学型发展,但是食品消费占消费总支出的比重逐步下降,医疗保健、家庭设备用品及服务、交通和通信成为城镇居民增长最快的消费支出。消费业态逐步丰富,电子商务是增长最快的消费业态,近年来保持30%以上的增长速度。特别是党的十八大以后,消费品市场持续繁荣,进入消费升级、提升消费质量时期,汽车、手机、网络已经进入千家万户,有机、绿色食品成为大众消费的首选,极大地满足了人民生活快速增长的需要。

七、对外开放活力增强，开放水平全面提升

改革开放以来，内蒙古自治区充分发挥区位和资源优势，在"对内搞活，对外开放"方针的指引下，积极拓展对外贸易、利用外资和经济技术合作领域，对外开放水平获得全面提升。特别是党的十八大以来，自治区以国家"一带一路"建设为契机，积极参与丝绸之路经济带、中蒙俄经济走廊建设，全区外向型经济发展呈现出前所未有的新变化。外贸进出口总额由1978年的0.2亿美元增加到2017年的139亿美元，增长869.6倍，年均增长19%。其中外贸出口增长492.6倍，年均增长17.2%。进出口贸易结构进一步优化。一般贸易进出口占进出口总额比重上升到2017年的56.8%。2017年，机电、高新技术产品出口增长较快，分别达到75.5%和52.8%，两者占全区对外贸易出口额比重达到29.6%，为近年来最高水平。

表1-4 内蒙古自治区海关进出口总额

项目	1978年	2017年	增长（倍）
海关进出口总额（亿元）	0.27	942.4	3489
出口总额（亿元）	0.18	334.8	1859
进口总额（亿元）	0.09	607.7	6751

资料来源：内蒙古自治区统计局。

随着"一带一路"建设的推进，自治区对外经济合作更加紧密。贸易伙伴已由20世纪80年代初的30多个国家和地区猛增到目前的100多个国家和地区，进出口市场结构已从过于集中周边国家和地区逐渐向俄罗斯、美国、澳大利亚、新西兰等国转移，市场结构趋于合理。全方位开放取得重大进展。1984~2017年实际利用外资额累计为492.3亿美元，年均增长25.4%。2017年，新批准外商投资企业50家，实际利用外商直接投资31.5亿美元，比1985年增长593.3倍。2017年，对外投资企业（机构）47家。其中，对"一带一路"沿线国家意向投资项目27个，约占全区新设对外投资项目的60%。口岸优势明显，先后开通了公路、铁路、空运等口岸18个。2017年，全区口岸进出境货运量8706.9万吨，进出境客运量586.3万人次，进出境交通工具183.4万（列辆）架次。中欧

班列实现常态化运行，过货量超过 8 万标箱。

八、公共服务供给水平得到显著提高

改革开放 40 年来，内蒙古自治区积极致力于保障和改善民生，公共服务供给水平显著提高。教育改革和发展取得较大的成就，医药卫生体制改革稳步推进，社会保险覆盖面不断扩大，保障标准逐步提高，公共卫生服务供给体系继续完善，供给水平显著提高。

（一）教育资源配置不断优化

在教育方面，从中央到自治区各级政府都积极采取多种措施，增加国家和社会对教育的投入，财政性教育经费逐年增加，社会力量和民间资本办学投入成倍增加。2016 年全区财政性教育经费达到 666.3 亿元，比 2000 年（29.65 亿元）增长 21.5 倍。教育资源配置不断优化，教育环境、教学设施和教学质量都发生了质的变化。

2017 年末，全区共有普通高等学校 53 所，比 1978 年增加 44 所，40 所高校开设了蒙汉双语授课专业；全年招收学生 13.6 万人，在校学生 44.8 万人，比 1978 年增长 33.5 倍，其中少数民族在校学生 11.7 万人，比 1978 年增长 38 倍，少数民族在校学生中有蒙古族学生 10.1 万人；毕业学生 11.8 万人。高等教育毛入学率显著提高，2017 年达到 37.2%，比 2010 年提高 11.3 个百分点。每万人口拥有在校大学生达到 177 人，是 1978 年的 25.3 倍。2017 年末，全区有研究生培养单位 10 个，招收研究生 7176 人，在校研究生 2.0 万人，其中，少数民族在校研究生 5580 人，少数民族在校研究生中有蒙古族研究生 4907 人。

2017 年末有普通高中 293 所，全年招收学生 14.4 万人，在校学生 43.6 万人，比 1978 年的 32 万人增长了 1.68 倍，与 1978 年相比，高中阶段学龄人口总规模呈收缩的趋势，但是高中阶段在校生规模在不断扩大。高中阶段少数民族学生 13.2 万人，少数民族在校学生中有蒙古族学生 11.9 万人；毕业学生 15.3 万人。2017 年末有初中 683 所，全年招收学生 22.5 万人，在校学生 61.9 万人，其中，少数民族学生 17.8 万人，少数民族在校学生中有蒙古族学生 15.8 万人；毕业学生 21.5 万人。全区初中阶段毛入学率 98.88%。2017 年末有小学 1658 所，招收学生 21.6 万人，在校学生 132.5 万人，毕业学生 22.6 万人。小学适龄儿童入学率 100%。全区幼儿园在园幼儿人数 64 万人。

(二) 医疗卫生服务供给水平显著改善

改革开放40年来，自治区不断深化医疗卫生体制改革，优化医疗卫生资源配置，医疗卫生服务能力得到有效提高。2017年，全区医疗卫生与计划生育财政支出323.5亿元，是2007年的7.4倍，年均增长22.1%。每万人口拥有的卫生机构数、床位数和医生数分别由1978年的2.2个、24.2张和15人增加到2017年的9.6个、59.5张和28人。1978年全区拥有卫生技术人员59277人，2017年为18.0万人，增长2倍。2017年末全区共有卫生机构24217个，其中，医院775个，农村牧区卫生院1314个，疾病预防控制机构119个，妇幼卫生机构113个，专科疾病防治院（所）51个。全区医疗卫生单位拥有病床15.0万张，其中，医院拥有病床11.9万张，乡镇卫生院拥有病床2.2万张，妇幼卫生机构拥有病床0.4万张。全区拥有卫生技术人员18.0万人，增长5.8%，其中，执业医师、助理医师7.0万人，注册护士7.2万人。农村牧区拥有村卫生室1.4万个，拥有乡村医生和卫生员1.8万人。不仅是卫生机构、人员和床位逐年增加，各级各类医院的医疗设施设备越来越先进，医疗诊治水平显著提高，人民群众的医疗卫生得到了更多更好的保障。医疗卫生服务的改善影响着人们的健康水平，城乡居民健康状况显著改善。居民平均预期寿命由1981年的66.7岁提高到2015年的75.8岁；婴儿死亡率由1978年的57.2‰降低到2017年的4.36‰。

进一步加强城镇医院建设，推动医疗、社保等公共服务水平提升。稳步实施国家规定的12类基本公共卫生服务，推动基本公共卫生服务均等规范开展，促进城乡医疗服务公平可及。继续强化妇幼保健机构、疾病预防控制机构，在房屋建设达标的同时，为305所中心卫生院配备"DR、彩超、心电图"等数字化诊疗设备。截至2017年底，全区参加基本医疗保险人数2161.51万人，城镇常住人口基本医疗保险覆盖率达到96%。

(三) 社会保障体系惠及更多民众

20世纪80年代，内蒙古自治区社会保障制度主要以职工退休金及发放、公费医疗制度和各类救济制度为主，覆盖面小、抗风险能力弱。改革开放以来，内蒙古自治区社会保障体系建设取得积极进展，各项保险制度逐步建立并完善，各种社会保险覆盖面不断扩大，保障水平不断提高。2017年，全区城镇职工基本养老保险参保人数为694.3万人，城镇职工基本医疗参保人数为495.1万人，失业保险参保人数为247.1万人，工伤保险参保人数为307.7万人，生育保险参人数为307.6万人，分别是2000年的3.0倍、2.2倍、1.1倍、13.8倍和11.6倍。参加基本养老保险的离退休人员为226.6万人。参加基本医疗保险人数为2161.5万人，参加城乡居民社会养老保险人数为743.4万人。领取失业保险金人数为5.3万人。养老金社会化发放率达到100%。2017年，全区城市最低生活保障标准由2016年的每月每人542元提高到了591元，覆盖了43万城镇居民；农村最低生活保障标准由2016年的每月每人349.8元提高到了404.3元，覆盖了119.9万农村居民。内蒙古自治区社会保障事业在探索和改革中不断取得新突破，在民生改善和社会稳定方面发挥了重要作用。社会保障救助体系不断完善，惠及更多民众。

内蒙古自治区属于边疆民族地区，产业结构单一，经济发展长期滞后，就业工作面临巨大困难。但经过长期努力，自治区基本实现了比较充分的就业，全区就业人员总数由1978年末的652.8万人增加到2017年末的1424.9万人，增加772.1万人。登记失业率由1980年的12.62%下降到2017年的3.63%，一直低于全国平均水平。城镇新增就业自2003年建立统计制度以来，年均新增就业人数达到20万人以上。贯彻《内蒙古自治区人民政府关于进一步做好为农牧民工服务工作的实施意见》，建设完成城乡一体的就业服务信息平台，已全面覆盖自治区12个盟市的103旗县（市、区）。完善就业失业登记管理，建立覆盖自治区、盟市、旗县（市区）、苏木乡镇（街道）、嘎查村（社区）的五级公共就业服务体系，实现"一站式"就业服务，确立了免费提供政策咨询、信息发布、职业指导、职业介绍、创业服务等的基本公共就业服务制度。面向全体劳动者的职业培训制度不断发展，职业培训规模不断扩大，劳动者就业能力普遍提高。2017年，自治区城镇累计就业技能培训人数14.42万人次，农牧民转移技能培训人数为13.33万人次，累计参加创业培训人数为5.31万人次。

截至2017年底，全区3255个街道（苏木乡镇）和城镇社区全部建立了劳动保障工作所（站），12191个嘎查和村配备劳动保障协理员。在全国率先实现"金保工程"自治区数据大集中，全区人力资源、社会保险、社会保障卡等核心业务系统已全部上线运行，覆盖人社工作全部业务领域。启动实施全民参保计划，实行城乡一体化医保经办服务，出台《城乡养老保险制度衔接实施意见》和《完善城乡居民基本养老保险实施意见》，城乡公共服务专业化、规范化、标准化水平不断提高。

健全住房保障制度，全面实行廉租房、公租房并轨运行管理，不再新建公租房，初步建立以公共租赁住房为基本形式、以先租后售租售并举为特征、能够适应不同家庭住房支付能力的保障性住房供应体系。健全公共租赁住房申请、审核、公示、轮候、复核机制，在公共租赁住房分配工作中，始终坚持"三级审核、三榜公示"的阳光操作。截至 2017 年底，全区政府投资建设公共租赁住房 31.8 万套，盘活 3.1 万套，政府投资公租房分配率达到 89.9%，包括进城落户农牧民、外来务工人员在内的 28.6 万户保障对象获得住房保障。

（四）公共文化服务蓬勃发展

党的十一届三中全会以来，自治区不断加大文化事业改革和投入力度，统筹推进文化事业和产业的改革与发展，加强公共文化服务体系建设，极大地丰富了人们的精神生活。改革开放前，自治区图书、期刊和报纸出版种类少、发行量小，主要以中小学校课本和宣传理论书籍、报纸为主。改革开放 40 年来，随着科学文化事业的繁荣，传统媒体和新媒体并驾齐驱，市场上的出版物供应逐渐丰富。2017 年，全区图书出版种数 3411 种，总印数 6017.8 万册，分别是 1978 年的 7.8 倍和 1.9 倍；期刊出版种数 151 种，总印数 1398.5 万册，分别是 1980 年的 3.7 倍和 2.4 倍；报纸出版种数 58 种，总印数 28289.1 万份。全年生产故事影片 7 部，蒙语译制片 100 部。

20 世纪 80 年代初期，内蒙古自治区广播电视事业基础十分薄弱，1980 年，全区 9 个广播电台，广播人口覆盖率只有 53.3%；电视台 3 座，电视人口覆盖率只有 2.9%。改革开放以来，自治区政府不断加大广播电视事业的投入力度，丰富广播电视节目内容，紧抓新时期农村广播电视"村村通"工程的契机，扩大节目的有效收视率，进一步丰富群众文化生活。2017 年末，全区拥有广播发射台及转播台 45 座，电视发射台及转播台 749 座；全区广播综合人口覆盖率 99.24%，电视综合人口覆盖率 99.22%，分别比 1980 年提高 45.9 个和 96.3 个百分点；全区有线广播电视用户 385.6 万户。

公共文化基础设施不断完善，民族文化强区建设取得积极进展。公共博物馆、图书馆、文化馆等公共文化设施逐步免费向社会开放。2017 年末，全区共拥有公共图书馆 117 个、博物馆 93 个、文化馆 120 个、文化站 1111 个、艺术表演场所 21 个、艺术表演团体 97 个。"三馆一站"（公共图书馆、博物馆、文化馆、文化站）数量比改革开放初期的 1979 年分别增长 1.5 倍、46.5 倍、1.2 倍和 2.3 倍。

经过 40 年的改革和建设，自治区公共文化服务体系已经具有了全方位、多功能、覆盖城乡的能力，为自治区经济社会的可持续发展创造良好的人文环境。

九、生态环境保护与污染防治得到加强

改革开放以来，内蒙古自治区政府以科学发展观为统领，加强对生态环境的保护与建设，环境污染治理的投入逐步增加，生态环境的保护与建设得到了加强。改革开放以来，自治区全面实行污染防治与生态保护并重方针，持续开展自然保护区执法检查，提高自然保护区建设管理水平。从 1996~2017 年，全区自然保护区从 27 个增加到 182 个，其中国家级自然保护区从 5 个增加到 29 个，自治区级自然保护区 60 个。截至 2017 年，全区自然保护区面积达到 1267.7 万公顷。其中，国家级自然保护区面积为 426.2 万公顷。

1978 年全年完成营造林面积 29.79 万公顷，2017 年全年完成营造林面积 99.9 万公顷，增长 2.35 倍。其中，人工造林 34.2 万公顷，飞播造林 6.8 万公顷，封山育林 13.8 万公顷，完成中林、幼林抚育（作业）面积 3.1 万公顷。完成退耕还林和荒山荒地造林面积 3.2 万公顷，完成天然林资源保护工程造林面积 5.9 万公顷，完成京津风沙源治理工程造林面积 8.6 万公顷，完成"三北"防护林五期工程造林面积 12.6 万公顷。2017 年末全区森林面积 2487.9 万公顷，森林覆盖率达 21.03%。

改革开放以来，自治区逐步建立了城市空气质量的监测体系，在监测城市的数量、空气质量、城市颗粒物、二氧化硫年均浓度方面，全区都有很大提高。在 1981 年统计的 7 个城市中，空气质量达到或优于国家空气质量二级标准的城市只有 14.29%，1983 年、1986 年、1988 年、1990 年，没有一个城市空气质量达到或优于国家空气质量二级标准。空气质量劣于国家空气质量三级标准的城市占 14.29%，特别是在 1983 年和 1988 年，所有的城市都劣于国家空气质量三级标准。2017 年，全区空气污染防治成效显著，全区地级及以上城市空气质量达标天数比率达到 85.3%。

单位 GDP 能耗（吨标准煤/万元）从 1989 年的 12.90，下降为 2013 年的 1.27，万元生产总值能耗超额完成"十二五"进度目标，"十三五"期间累计下降 5.61%，2017 年，全区单位 GDP 能耗下降 1.57%。深入推进天然气惠民工

程，全区已有10个盟市、38个旗县通天然气（煤制气）管道，使用天然气人口达到690万人，占城镇人口的45%。积极推动风电供热工作，已形成供热面积170万平方米。

截至2017年底，基本淘汰10蒸吨/小时及以下燃煤供热锅炉，城镇污水处理率94.3%，城市生活垃圾无害化处理率98.4%，全区城镇污水处理厂平均达标排放率稳步提升。海绵城市规划工作取得初步成效，呼和浩特市等9个设市城市完成海绵城市专项规划草案编制。

积极推进节能城市建设，推动既有居住建筑节能改造。截至2017年底，全区共完成既有居住建筑节能改造面积9378.72万平方米。绿色生产、绿色消费成为城市生活的主流，节能节水产品使用比例大幅提高，2017年全区在建和竣工绿色建筑共721项，901.24万平方米，占新建建筑比例为33.5%。城市建成区绿地率达到34.5%。

第二节 宏观经济运行面临的挑战

2018年是改革开放40周年，也是全面贯彻党的十九大精神的开局之年。整体来看，内蒙古自治区宏观经济运行态势总体平稳，结构持续优化，市场多元化进程加快。但是面对国际、国内经济错综复杂的境况，内蒙古自治区经济发展基础仍不牢固，正处于思维变革期、政策调整期、矛盾凸显期共存的非常时期，投资下滑导致需求侧拉动乏力，产业接续转换缓慢导致发展支撑性不足，地方债务风险加剧，财政收支增幅大幅度缩减，环保督查整改力度加大，人口老龄化加剧等多重因素叠加，从而在一定程度上制约了内蒙古自治区经济的增长。与此同时，经济社会发展的不平衡、不充分的矛盾依然突出，对公共服务体系建设提出了新的更高要求。

一、经济增长动能不足，下行压力大

（一）经济增速回落

党的十八大以来，党中央、国务院推出的一系列改革措施，提高资源配置效率和全要素生产率，经过5年的积极调整与治理，国家宏观经济总体稳中有进、稳中向好，呈现良性变化的趋势，供给侧结构性改革的效果正在逐步显现。但

是，与全国经济稳中向好态势持续发展不同，2010年之后，内蒙古自治区经济增速逐年下滑，主要经济指标增速持续回落，增速普遍低于全年预期增长目标和全国平均水平，经济走缓态势凸显。2016年地区生产总值增速为7.2%，较2015年下滑0.5个百分点，地区生产总值1.86万亿元。2017年地区生产总值增长4.0%，低于全年预期目标和全国平均水平。同时，银行和政府的不良债务问题凸显出来。2016年内蒙古自治区政府债务余额为5677.4亿元，居全国各省区第11位，债务率为121.7%，仅次于贵州省（178%）、辽宁省（160%），居全国第3位。如果扣除530亿元虚增一般公共预算收入，债务率将升至137.3%，自治区一半盟市的债务率高于100%。在经济持续下行、防范化解债务风险任务重的情况下，构建多元发展、多极支撑的现代产业新体系，难度更大、任务更重、更显紧迫。

（二）经济结构转型升级滞后

内蒙古自治区经济发展新动能培育缓慢，新技术、新产业、新业态和新模式发展不足，经济转型升级滞后，发展方式仍未从根本上走出"挖煤卖煤、挖土卖土"粗放的资源开发式模式。内蒙古自治区每年近10亿吨的煤炭产量，67%直接以原煤形式运出区外销售，留在区内就地转化的煤炭，50%直接燃烧发电，20%转化为煤化工产品。2017年，能源、化工产业对经济增长的贡献率超过50%，高新技术产业增加值占地区生产总值的比重不足1%。传统产业升级步伐缓慢，新兴产业培育发展滞后，尤其是智慧经济、绿色经济、高端装备制造等产业几乎处于空白阶段。同时，人才、金融、科技等要素支撑不强，转型升级压力巨大，实现新兴产业规模化目标任重道远。2017年，内蒙古自治区高新技术产业占工业增加值比重不足2%。内蒙古自治区工业投资主要集中在能源、重化工产业等投资效益较低行业，民间投资规模偏小，投资效益不高。2017年，民间投资占固定资产投资比重为46.7%，低于全国平均水平13.7个百分点，全区投资效果系数仅为0.04，居全国末位。扭转"传统产业多新兴产业少、低端产业多高端产业少、资源型产业多高附加值产业少、劳动密集型产业多资本科技密集型产业少"的产业结构现状的压力巨大。

（三）对外贸易规模小、结构对象单一

2017年，内蒙古自治区外贸进出口总额实现22.8%的快速增长，增速同比回升20个百分点，较全国平均水平高8.6个百分点，在全国的位次较2016年上升8个位次；外贸规模以942.42亿元人民币创自治区历年来以人民币标值的进出口额最高纪录。但总体上外贸规模仍然较小，贸易结构和贸易对象单一，贸易方式相对落后，与把内蒙古自治区建成我国向北开放桥头堡的目标还有很大差距。2017年，内蒙古自治区进出口总额占全国比重仅为0.34%，不及经济总量占比的1/5。贸易商品以矿产资源及初级工业产品为主，煤炭、锯材、铜精矿、农产品、钢材进出口总额占全部进出口总额的45.4%。贸易对象主要为俄罗斯与蒙古，两国外贸总额占全部外贸总额的50%。传统贸易方式占主导，一般贸易进出口总额占进出口总额的56.8%，边境小额贸易进出口额占比近1/3。

二、经济社会发展不平衡与不充分的矛盾依然突出

中国特色社会主义进入新时代，人民对美好生活的需要日益广泛，不仅体现在物质文化生活方面，也体现在精神层面。但经济快速增长的同时，城乡居民收入水平增长的不同步，社会领域发展的不平衡、不充分矛盾日益突出，这对收入分配制度和公共服务体系建设提出了更高要求。

（一）居民收入增速和经济增速不同步

2017年内蒙古自治区人均国内生产总值按不变价计算比1978年增长了53.5倍，年均增速10.8%；而同期城镇居民人均可支配收入和农牧民人均可支配收入分别增长16.8倍和14.5倍，年均分别增速7.7%和7.3%，低于经济增速3个百分点。2017年，内蒙古自治区城镇和农村牧区常住居民人均可支配收入分别比全国平均水平少726元和848元，差距较2016年扩大了85元和94元。城乡居民收入水平均低于全国平均水平，与全国平均水平比，工资性收入、财产净收入较低是造成内蒙古自治区全体居民收入与全国存在差距的主要因素，两项收入分别较全国平均水平低720元和819元，差距较2016年扩大了204元和133元。初次收入分配格局不合理，以及在地区产业结构当中对GDP贡献率高的产业大多不属于富民产业，造成人均GDP的增加与居民收入的增加无法同步。

（二）城乡发展的不均衡

城乡发展的不平衡表现为城乡公共服务供给不均衡和城乡居民收入不均等。受城乡二元结构的影响，在基本公共服务供给方面我国长期奉行"一品两制"的供给模式，导致城乡基本公共服务供给不均衡，加上内蒙古自治区特殊的自然地理条件，使公共服务供给的经济性和可及性难度加大，虽然近年来在统筹城乡

公共服务供给方面取得了较大的突破。但是，公共服务供给的不充分、不均衡的矛盾依然突出。另一个不平衡就是城乡居民收入的差距。2017年城乡居民收入差距为2.83，大于1978年的2.36，农牧民人均可支配收入低于全国平均水平848元。城镇居民收入平均增速快于农村居民收入平均增速0.4个百分点。在城乡收入大幅增长的同时，城乡收入分配失衡的问题日益严重，城乡收入差距的矛盾依然存在。

（三）区域间经济社会发展不均衡

内蒙古自治区的区域经济发展的不均衡，大致表现为，呼包鄂金三角组成的中部地区经济发展水平最高，东、西部欠发达，西部地区因人口较少各项指标的人均水平较东部好一些，但总体仍然呈现"中部突起、两翼滞后"的发展态势。在东北地区等老工业基地振兴战略、呼包鄂协同发展规划、呼包银榆经济区发展规划、沿黄沿线经济带建设、县域经济建设等一系列推进区域协调发展的政策措施下，自治区区域经济发展协调性有所增强。"十三五"时期以来，呼包鄂三市认真贯彻落实《呼包鄂协同发展规划纲要（2016~2020）》，集中优势资源，加强区域协作，共谋共建，经济圈发展优势更加明显。2016~2017年，呼包鄂三市生产总值年均增长6.5%，高于全区0.9个百分点。其他西部四盟市积极融入呼包鄂经济圈，不断加快转型升级步伐，经济呈现快速发展势头。2016~2017年，四市生产总值年均增长5.8%，高于全区0.2个百分点。东部五盟市生产总值年均增长4.6%。地区间经济社会发展的不均衡问题依然存在。

回顾改革开放40年的历程，内蒙古自治区创新进取，取得了辉煌的成就，实现了历史性的跨越，为2020年全面建成小康社会以及开启现代化新征程奠定了基础。同时我们也清醒地看到，发展不平衡、不充分的问题仍旧突出，经济转向高质量发展任重道远。当前改革开放进入攻坚克难的关键时期，前进道路上的挑战与机遇并存，面对挑战，只有迎难而上，不懈奋斗，才能从根本上解决前进中面临的困难和问题。中国特色社会主义发展进入新时代，承前启后，继往开来，砥砺前行，为决胜全面建成小康社会夺取新的重大胜利、把祖国北部边疆这道风景线打造得更加亮丽而努力奋斗。

第二章

改革开放40年内蒙古自治区财政收入分析

第二章　改革开放40年内蒙古自治区财政收入分析

第一节　财政收入相关统计指标说明

财政收入是政府凭借其政治权力向社会筹集各种资金的总和，是政府提供公共服务，满足社会公共需要最根本的物质基础，也是衡量一国政府财力的最重要指标。但是，多年来有关"财政收入"界定是一个难点，与财政收入相关的词有"政府收入""预算收入"等。

根据我国新预算法规定，全部收支纳入预算。在法律上，预算收入与财政收入口径一致。预算包括一般公共预算、政府性基金预算、国有资本经营预算、社会保险基金预算①。地方各级一般公共预算包括本级各部门（含直属单位，下同）的预算和税收返还、转移支付预算。一般公共预算收入包括各项税收收入、行政事业性收费收入、国有资源（资产）有偿使用收入、转移性收入和其他收入；地方各级一般公共预算收入包括地方本级收入、上级政府对本级政府的税收返还和转移支付、下级政府的上解收入；地方各级一般公共预算支出包括地方本级支出、对上级政府的上解支出、对下级政府的税收返还和转移支付。

但是，从历年的实际情况上看，各单位、各部门还有一部分财政收入未纳入预算，例如2011年以前财政收入，既包括预算内收入，也包括预算外收入。即使2011年实施预算外资金纳入预算内改革以后，依然留下一部分专户资金，例如教育性收费。因而，多年来各级政府的财政收入往往多于预算收入。

非税收入。在我国，政府非税收入的概念是近几年才提出的。"非税收入"一词首次出现在2001年3月16日《财政部、中国人民银行关于印发财政国库管理制度改革试点方案的通知》（财库〔2001〕24号）文件中。其后，2003年5月，由财政部、国家发改委、监察部、审计署联合发布的《关于加强中央部门和单位行政事业性收费收入"收支两条线"管理通知》中，首次较为明确提出非税收入概念。

---

①　一般公共预算是对以税收为主体的财政收入，安排用于保障和改善民生、推动经济社会发展、维护国家安全、维持国家机构正常运转等方面的收支预算。政府性基金预算是对依照法律、法规的规定在一定期限内向特定对象征收、收取或者以其他方式筹集的资金，专项用于特定公共事业发展的收支预算。国有资本经营预算是对国有资本收益做出支出安排的收支预算。

2004年7月《财政部关于加强政府非税收入管理通知》中首次对政府非税收入的概念进行进一步明确的界定。文件明确规定政府非税收入是指除税收以外，由各级政府、国家机关、事业单位、代行政府职能的社会团体及其他组织依法利用政府权力、政府信誉、国家资源、国有资产或提供特定公共服务、准公共服务取得并用于满足社会公共需要或准公共需要的财政资金，是政府财政收入的重要组成部分，是政府参与国民收入分配和再分配的一种形式。按照建立健全公共财政体制的要求，政府非税收入管理范围包括：行政事业性收费、政府性基金、国有资源有偿使用收入、国有资产有偿使用收入、国有资本经营收益、彩票公益金、罚没收入、以政府名义接受的捐赠收入、主管部门集中收入以及政府财政资金产生的利息收入等。社会保障基金、住房公积金不纳入政府非税收入管理范围。

2008年规定的非税收入包括：行政事业性收费、政府性基金、国有资源和国有资产有偿使用收入、国有资本经营收益、罚没收入、彩票公益金、以政府名义接受的捐赠收入和其他非税收入[①]。

改革开放40年来，财政收入，特别是非税收入（预算外资金）的收入范围及口径经历了多次调整和变化。

一、财政收入统计方法

（一）政府收支分类统计法

按政府收支分类科目表，财政收入包括税收收入、非税收入、社会保险基金收入、转移性收入、贷款转贷回收本金收入、债务性收入六种收入。

财政收入 = 税收收入 + 非税收入 + 转移性收入　　　　　　　　　　（2-1）

（二）全口径预算体系统计法

按照新《中华人民共和国预算法》政府的财政收入包括公共财政预算收入、政府基金预算收入、国有资本经营预算收入和社会保险基金预算收入，即四本账

---

① 由于社会保险基金预算收入只是政府代管的社会公众资金，而且其部分预算收入来源于一般公共预算收入的支出安排，因此，从严格意义上讲，不宜将其作为通常意义上的政府财政收入，所以本报告没有统计社会保险基金预算收入。公共财政预算收入中还包括债务性收入，如果按照权责发生制，债务性收入并非真正意义上的财政收入，本质上属于债务，为了更加准确分析内蒙古地区财政收入情况，本书中的财政收入也不包括债务性收入。关于债务性收入在后续的章节中具体介绍。

第二章 改革开放 40 年内蒙古自治区财政收入分析

中的收入总和①。

2007 年之前,财政资金主要分为预算内和预算外两部分:1988~1992 年预算外资金包括:地方财政部门收入、事业和行政单位收入、国有企业和主管部门收入。1993~1995 年预算外资金包括:地方财政部门收入、事业和行政单位收入。1996~2000 年预算外资金包括:地方财政部门收入、事业和行政单位收入、乡镇自筹、统筹资金、社会保障基金。

$$\text{财政收入} = \text{一般预算收入(剔除债务性收入)} + \text{预算外收入} \quad (2-2)$$

根据当时的体制规定,地方预算收入主要有一般预算收入和基金预算收入。具体分为:税收、上缴利润、专项收入、基金等。其中,税收是按国家的法律规定,对企业单位和个人强制地、无偿地取得财政收入的一种形式,主要有工商税收、关税、农牧业税、耕地占用税、企业所得税。由于税收的性质特征(固定性、强制性和无偿性),以预算收入中的比例达 90% 以上,是预算收入的主要形式。利润是国有企业缴纳所得税后上缴国家的利润,它是税收形式的补充和调节。专项收入是指按照国家规定来自某个指定来源,具有特定用途、实行专款专用的收入。基金主要是根据国务院加强预算外资金管理的规定,把有关基金纳入预算而形成的收入②。

2007~2010 年,开始编制政府基金预算:

$$\text{财政收入} = \text{公共财政预算收入(剔除债务性收入)} + \text{政府基金收入} + \text{预算外财政专户收入} \quad (2-3)$$

2011 年预算外资金绝大多数纳入预算内以后:

$$\text{财政收入} = \text{公共财政预算收入(剔除债务性收入)} + \text{政府基金收入} + \text{财政专户管理资金收入} \quad (2-4)$$

式(2-1)和式(2-2)的计算口径不同,主要原因是 2011 年除教育性收费、彩票发行机构和彩票销售机构的业务费用之外的其他预算外资金全部纳入预算内,即这部分收入直接纳入公共财政预算收入和政府基金预算收入中。

2013 年新预算法修订后,实施全口径预算并要求按时公开,公式将变为:

---

① 这种统计口径缺少了一块财政专户管理资金收入,随着 2011 年预算外资金全部纳入预算内管理及近两专户整顿和取消,这部分收入占财政收入的比重越来越小,但是在过去,这部分资金的收入占比还是较大的,因此本书在统计全口径收入时,把这部分资金也列入。

② 财政预算管理实用全书 [M]. 北京:中国财政经济出版社,1999.

财政收入 = 公共财政预算收入（剔除债务性收入） + 政府基金预算收入 + 国有资本经营预算收入 + 财政专户管理资金收入 (2-5)

（三）非税收入统计口径

本书对非税收入的研究主要依据国家和内蒙古自治区非税收入管理条例，所以采用的是全口径非税收入，即除各级政府的税收收入、债务收入及社保基金收入之外的收入都属于非税收入。因非税收入处于不断改革完善中，所以不同时期全口径计算公式也不相同，具体如下：

2007年之前，全口径非税收入包括一般预算收入中的非税收入、预算外财政专户收入两部分；2007~2010年，全口径非税收入包括一般预算收入中的非税收入、政府基金收入、预算外财政专户收入三部分；2011年全口径非税收入包括公共财政预算收入中的非税收入、政府基金收入、财政专户管理资金收入以及国有资本经营预算收入四部分。

按照上述的定义及全口径公式，2014年内蒙古自治区非税收入构成情况如表2-1所示，非税收入主要由公共财政预算中的非税收入、政府基金预算收入、国有资本经营预算收入和财政专户管理资金收入四部分组成。

表2-1 内蒙古自治区全口径非税收入构成

公共财政预算中的非税收入	政府基金预算收入
行政事业性收费收入	地方教育附加收入
罚没收入	新增建设用地土地有偿使用费收入
国有资本经营收入	地方水利建设基金收入
国有资源（资产）有偿使用收入	残疾人就业保障金收入
其他收入	政府住房基金收入
国有资本经营预算收入	城市公用事业附加收入
利润收入	国有土地收益基金收入
股利、股息收入	农业土地开发资金收入
产权转让收入	国有土地使用权出让收入
清算收入	彩票公益金收入
其他国有资本经营预算收入	城市基础设施配套费收入
财政专户管理资金收入	车辆通行费收入

续表

行政事业性收费收入	其他各项政府性基金收入
其他收入	

资料来源：2013年《内蒙古财政年鉴》。

（四）本书采用的统计口径

本书分析内蒙古自治区财政收入总体规模数据采用全口径预算统计，分析每时期财政收入结构时，再按照第一种口径分析收入结构，即分析税收、非税以及转移性收入在总体收入中的比例。在结构分析中涉及非税收入口径问题。本书讨论非税收入时，也是按非税收入全口统计。

二、衡量指标说明

（一）财政收入占GDP的比重

财政收入占国民生产总值（以下简称GDP）的比重，它是衡量财政收入规模的一个重要指标，也是衡量国家财力和政府在社会经济生活中职能范围的重要尺度。

（二）财政自给率

财政自给率就是地方财政一般预算内收入与地方财政一般预算内支出的比值。政府自给率可以较好地评价地方财政对于中央转移支付的依赖程度，同时反映出地方经济活动繁荣度。指标数值越大，地方财政"造血能力"就越强，对于中央财政转移性支付的依赖程度也就越低。

需要厘清的是，在现有预算体系中，各级政府必须制定四项预算：一般公共预算、政府性基金预算、国有资本经营预算和全国社会保险基金预算。其中，中央地方财政分配关系主要体现在一般公共预算上。因此，财政自给率的计算也仅限于一般公共预算下的收支概念。

按现行分税制和转移支付财制度，大口径的地方一般公共预算收入实际上包括两大部分，即地方本级收入和转移性支付收入。大口径一般公共预算收入统计一般出现在各级政府年度预算、决算当中，并与一般公共预算支出大致相抵。这符合预算法关于地方政府财政原则上不列赤字的规定。

小口径的一般公共预算收入仅仅是地方政府本级税收收入和非税收入之和，

未涵盖转移支付制度对于地方财政收入的影响。在各级政府公布的月度财政收支数据中，通常是指小口径的一般公共预算收入。

财政自给率实际上是要衡量地方本级收入与地方最终支出的比例关系。因此，本书讨论地方财政自给率均基于小口径一般公共预算收入数据。在这里，我们引用招商证券的计算公式：

财政自给率＝一般公共预算收入（本级税收＋非税收入）÷一般公共预算支出

第二节 改革开放到分税制改革前的内蒙古自治区财政收入状况（1979~1993年）

"文化大革命"结束后，国民经济恢复正常运转，特别是1979年，国家提出国民经济"调整、改革、整顿、提高"八字方针，以后又提出"一个中心、两个基本点"及建设有中国特色的社会主义理论等，完善一系列改革开放政策，促进了国民经济的腾飞，自治区的财政收入也以前所未有的速度增长。

一、财政收入规模分析

（一）财政收入规模及增长速度

从表2-1中可以看出，1978年内蒙古自治区财政收入较1977年有大幅度的增长，增长率高达135.3%。内蒙古自治区经济从"文化大革命"的混乱逐步走向有序，经济有了明显的增长。1979年和1980年两年出现负增长，1981年增长率非常小，只有0.7%。出现这一状况，与当时国家大的战略方针息息相关，自1980年起，国家对原工商税制进行了重大调整和改革，让人民休养生息，培养民力，释放经济活力，当时的国有企业征收税收较小，其税负较轻。这一时期，内蒙古自治区经济有了较大的发现展，由1978年的58亿元增加到1982年的93亿元，增长了72%。由于经济规模的增长，1982年财政收入实现高速增长。

为了适应对外开放需要，理顺国家和企业的分配关系，发挥税收的经济杠杆作用，国家实施了两步利改税及其工商税制全面改革两个阶段。

国务院决定1983年1月1日起实行利改税的第一步改革。改革的主要内容：对盈利的国营大中型企业55%利润改为征收所得税，税后利润扣除企业合理留

第二章 改革开放40年内蒙古自治区财政收入分析

利后剩余部分,再区别不同行业或企业,按固定比例上缴、递增包干上缴、定额上缴和调节税四种利润上缴形式选择一种上缴财政。小型国营企业按八级超额累进税率征收所得税,税后利润原则上留归企业支配,只对留利较多的企业征收一定的承包费。第一阶段的税制改革虽有一定成效,但无论是从深度还是广度上讲,均未能从根本上触及原有过于简化的工商税制格局,不能适应改革和建设发展的要求。1984年起又进行了第二步"利改税"和为时5年多的工商税制全面改革。第二步国营企业利改税改革的基本模式是:将国营企业原来上交国家的财政收入改为分别按11个税种向国家交税,也就是由税利并存逐步过渡到完全的以税代利。在这一改革中,对企业将采取适当的鼓励政策,越是改善经营管理,努力增加收入,税后留归企业安排使用的财力越大。具体方案,可以概括为以下几点:把现行的工商税分解为产品税、增值税、盐税和营业税四个税种,分别适用于不同的企业。同时,为了更好地发挥税收调节生产、消费和缓解价格矛盾的作用,在产品税、增值税中,对一些产品的税率适当进行了调整。调整的原则是,对一部分由于价格等原因利润率较高的产品,适当调高税率;对那些同人民生活有直接关系的轻纺工业产品,一般不调高税率;对微利产品以及煤炭等少数亏损产品,则适当调低税率。调整的结果,提高税率的有70个项目,降低税率的有60个项目。

两步利改税之后,财政收入实现连年高速增长。1983年达到34.8%,1985年高达近56%的增长率,其他年份增长率均高于20%以上。1982年全区财政收入突破5亿元,结束了连续4年在4亿元上徘徊不前的局面,1985年完成13.18亿元,1987年财政收入达到19.43亿元,是1976年财政收入的7倍(见表2-2)。

表2-2 1978~1987年内蒙古自治区财政收入总额、增速以及占GDP比重

年份	总额（亿元）	增长率	占GDP比重（%）	年份	总额（亿元）	增长率	占GDP比重（%）
1978	6.90	135.3	12.85	1983	6.99	34.8	7.25
1979	4.56	-34	7.80	1984	8.46	21	7.66
1980	4.13	-9.4	6.14	1985	13.18	55.9	9.43
1981	4.16	0.7	5.90	1986	16.02	21.6	9.34
1982	5.18	24.7	6.60	1987	19.43	21.3	9.98

资料来源:根据内蒙古统计局网站获得。另外,由于这一阶段预算外数据取得困难,因此财政收入只含预算内收入。

1988~1993年：财政工作依旧在旧体制下运行。期间，仅1992年比上年减收1%，其余各年的财政收入均有较大幅度增长，1988年财政收入实现24.13亿元；到1993年实现56.12亿元，比1988年增长2倍多，年均递增18.39%（见表2-3）。

表2-3 1988~1993年内蒙古自治区财政收入总额、增速以及占GDP比重

单位：亿元,%

年份	预算内收入			预算外收入			GDP	
	绝对额	增长率	占GDP比重	绝对额	增长率	占GDP比重	绝对额	增长率
1988	24.13	24.2	9.79	32.39	—	13.13	246.64	26.65
1989	28.67	18.8	10.06	36.38	12.32	12.77	285.00	15.55
1990	32.98	15	11.10	37.58	3.30	12.65	297.03	4.22
1991	39.40	19.5	11.78	42.89	14.13	12.82	334.57	12.64
1992	39.08	-0.8	10.29	49.93	16.41	13.14	379.89	13.55
1993	56.12	43.6	11.66	20.16	-59.62	4.19	481.48	26.74

资料来源：根据内蒙古自治区统计局网站获得。

改革开放以来随着经济体制改革的不断深入和生产建设各项事业不断发展，预算外资金的项目迅速增加，规模迅速扩大。

预算外资金的规模、数量主要是由财政管理体制决定的。从预算外资金发展变化的情况来看，当实行统收支、高度集中的财政管理体制时，预算外资金项目不多，数额也很小，当财政体制发生变化，下放财权时，预算外资金迅速增加。财政管理体制决定了预算集中哪些，集中多少，同时，也规定了预算外的资金规模和数量。多少年来，预算外资金的大幅度增长，是经济体制改革的结果。预算外资金收入一方面受当时生产发展水平的制约，另一方面受当时的经济管理体制，特别是国家财政管理体制的制约。体制决定了国民收入的分配结构，也就决定了预算外资金在其中所占的比例。在某种程度上说，预算外资金是经济体制改革的结果和产物[①]。

---

① 财政预算管理实用全书[M].北京：中国财政经济出版社，1999.

预算外资金收入的大幅度增长是体制改革结果。预算外资金收入规模从1978年到1992年翻番。这种快速增长除因当地经济发展影响之外，主要是体制改革所致。特别是1980年以来，国家采取了系列改革措施，如对企业实行企业基金制度、利润留成制度、两步利改税、全面承包经营责任制、提高折旧率、财政不再集中折旧基金，并对一些行业部门实行减税让利政策等。在行政事业单位，1980年起实行"经费包干、结余留用"办法，增加了行政事业性收费项目，允许单位开展多种经营、有偿服务，增加收入，鼓励单位由全额向差额、差额向自收自支过渡，对一些收入比较稳定的自收自支单位实行企业化管理制①。这些改革措施将相当一部分预算内资金变为由企业单位自收自支、自提自用的预算外资金。据分析，预算外资金收入增长部分有60%以上是由预算内转化的。

（二）财政收入占GDP的比重

1978年到1988年，这一时期内蒙古自治区财政收入占GDP比重呈先下降后上升的态势，由1978年的12.85%下降到1981年的5.90%，又上升到1988年的9.98%。1989~1993年，内蒙古自治区的财政收入占GDP的比重分别为9.8%、10.33%、10.96%、9.27%和10.54%。这一期间，全国的财政收入占GDP的比重分别为15.75%、15.79%、14.54%、13.07%和12.58%。显然，各年内蒙古自治区的比重均低于全国水平（见表2-3）。

（三）财政自给率逐步提高

1978年以来，自治区的财政收入虽然在稳定增长，但没有支出增长得快，还不能完全自给。经常性财政收入增长速度低于刚性财政支出的增长速度。如果没有中央对自治区的财政补助，自治区也不可能实现财政收支平衡。1978~1993年的25年，财政收入年年都在大幅度增长。1978年财政收入占支出的比例为36.95%，1979年、1980年收入出现连年负增长，虽然这一时期的支出也有所下降，但下降幅度小于收入的下降幅度，1979年自给率只有21.65%，1980年自给率为22.47，此后大部分年份自给率均是增加的。1988年，收入占支出的比例为49.3%；1990年收入占支出的比例为54.2%；1993年收入占支出的比例为63.6%。在这一时期，内蒙古自治区的自给率处于不断上升的趋势。

---

① 财政预算管理实用全书 [M]．北京：中国财政经济出版社，1999．

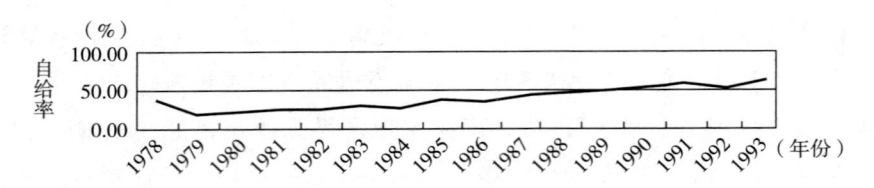

图 2-1 1978~1993 年内蒙古自治区预算内收入财政自给率

二、财政收入结构分析

这一阶段财政管理体制的改革对财政收入结构影响较大，几乎在每年均有不同程度的变化，因而按照历史对比分析方法，这一时期的结构变化没有可比性，因而也没有分析的意义。因此，在这阶段只针对预算内外收入结构进行比较分析。

表 2-4 1987~1993 年内蒙古自治区财政收入结构分析

年份	预算外收入（亿元）	预算内收入（亿元）	预算外与预算内收入比例（%）
1987	24.99	19.43	128.60
1988	32.39	24.13	134.21
1989	36.38	28.67	126.90
1990	37.58	32.98	113.96
1991	42.89	39.40	108.87
1992	49.93	39.08	127.77
1993	20.16	56.12	35.92

资料来源：预算外收入数据来源于 1988~1994 年《中国财政统计年鉴》，预算内收入的数据来源于《内蒙古统计年鉴》（1978~1986 年的预算外收入数据未获取，因此，本书没有对这一时期的收入结构进行分析）。

这一时期，预算内外资金具有此消彼长、彼此转化的特征。预算内和预算外是财政参与分配的两个方面，其对象都是国民收入，那么，在一定条件下，预算内分配的多了，在预算外分配的相对少些。预算内外彼此转化某处程度上是为调动各地方、部门或单位的积极性，减轻财政负担。

预算外资金增长很快,到1992年预算外资金已经成为政府的第二预算,对我国宏观经济具有举足轻重的作用。与此同时,相应的问题不断出现。各部门、单位人员将逐渐预算资金视为其所有,擅自增设收费项目,随意扩大征收范围和提高收费标准,社会上的公路收费、中小学收费以及向农民摊派的"三股风"越刮越猛。预算外资金运行及管理呈现出"滥、乱、松、差"(项目滥、秩序乱、管理松、效益差)。当时预算外资金之外还有预算外,也就是这一时期开始区分预算外、制度外及体制外资金。这一切都是法制规范、监督管理滞后所带来的结果。我国预算外资金,以经历了1993年《企业会计准则》《企业财务通则》的实施:原来占预算外资金达70%以上的企业专用基金,纳入预算内资金管理范围。从表2-4数据中可以看出,1987~1992年,预算外资金与预算内资金比例一直大于1,个别年份,如1988年预算外资金高于预算内资金约34个百分点。直到1993年实施相应的预算外资金改革后,将部分预算外资金纳入预算内资金管理后,预算外资金大幅度下降,预算内资金大幅度增加,预算外资金只预算内资金的35.29%。

第三节 分税制改革后到政府收支分类改革前的内蒙古自治区财政收入(1994~2006年)

一、财政收入规模分析

(一)财政收入规模不断扩大,增长速度加快

从1994年开始,全国开始建立社会主义市场经济体制,经济发展已步入良性循环。根据党的十一届三中全会的决定,为进一步理顺中央与地方的财政分配关系,增强中央的宏观调控能力,对各省、自治区、直辖市以及计划单列市实行分税制财政体制。按照国务院的统一部署,结合自治区的实际情况,全面实行了新税制和分税制财政体制。内蒙古自治区为适应实行分税制的需要,于1994年8月组建了内蒙古自治区国家税务局和内蒙古自治区地方税务局。为解决自治区现行税制不到位,实际征管不达标的问题,在国家税法规定的范围内,自治区出台了《完善地方税制、强化税收征管的实施方案》和8个自治区政府令,对8个税种的39个税目、税率、税额和计税依据进行了调整和完善。2001年实行所得税

分享改革，增加了企业所得税。2002年国家将出口免抵增值税纳入城镇税和教育费附加，相应增加了财政收入。2004年财政部将自治区煤炭资源税税额调整为2.3元/吨，并推动了《财政部、国家税务总局关于调整石油、天然气资源税适用税额的通知》的出台[①]。

1994~1997年，内蒙古自治区党委、政府提出的实行"两个转变"、实现"两个提高"的奋斗目标，极大地调动了各地区、各部门加强税收征管、依法组织收入、促进经济发展的积极性，内蒙古自治区各级政府把财税工作放到更加突出的位置，进一步加大工作力度，财政收入年年超额完成年度预算，平均增幅在20%以上。

1994年，新税制和分税制实施的第一年，全区财政收入达到68.22亿元，比1993年增收12亿多元，增长21.6%。1997年，按照自治区党委六届四次、五次全委（扩大）会议精神和八届人大五次会议有关决议，各地区、各部门以迎接党的十五大、香港回归和自治区成立五十周年为契机，认真贯彻党中央、国务院"稳中求进"的发展方针，积极推进"两个转变"和实现"两个提高"，加大国有企业改革和经济结构调整力度，国民经济出现"高增长、低通胀"的格局，第二、第三产业发展步伐加快，各项事业进一步发展。在此基础上，自治区财政工作取得了较好成绩，财税体制继续完善，财税秩序有所好转，财政收支迈上了一个新台阶，实现"两个提高"的目标取得了较大进展。1997年，全区财政收入首次突破百亿元，完成111.3亿元（含列收列支基金4.1亿元），为年度预算的104.1%，比1993年增加18.1亿元，增长19.4%。其中：上划中央"两税"收入完成38.1亿元，比1993年增长5.8%，地方财政收入完成73.2亿元，比1993年增长27.7%；财政收入超亿元的旗县（市、区）达到21个，新增9个；超百万元的乡镇、苏木达到774个，新增194个，其中超千万元的乡镇苏木达到21个。1997年全区财政支出达到142.91亿元，比1996年增长13.1%。

这一阶段财政收入的特点是，年年超额完成年度预算。地方财政收入快于中央"两税"收入的增长，也快于以前各个时期财政收入增长的速度。

---

① 史生荣，王德娟.做大财政蛋糕实现历史跨越——内蒙古财政改革30年回顾[J].北方经济，2008（10）：2.

1997年以来的10年,既是自治区经济快速发展的10年,也是财政收入增长较快的10年。全区财政收入连续突破100亿元、200亿元、300亿元、500亿元、700亿元和1000亿元大关,年均递增24.78%,增速高于同期国内生产总值7个百分点。特别是"十五"时期以来,在国家实施西部大开发战略的带动下,全区国民经济实现了快速发展,促进了财政收入的迅速增长。财政收入的稳定增长使财政职能得到充分发挥,政府宏观调控作用进一步加强。

（二）财政收入占GDP的比重增加

在一定时期,由于各种原因,地方财政收入的增长速度有可能高于同期地区国内生产总值的增长速度。但是,归根结底,一个地区的财力大小、增长速度的高低,必然受到地区总体经济实力的制约。一个地方的经济总规模,决定这一地区的财政收入总规模。人们一般用地方财政收入占同期这一地区国内生产总值的比重衡量一个地区的财政收入总规模。这一指标一方面反映了地方政府对经济和社会发展调控能力的大小,另一方面反映了地方政府在经济总量中提取的财政比例是否得当。

1994年国家实行分税制以来,无论是内蒙古自治区,还是国家平均水平,地方财政收入占GDP的比重都在逐渐增大,这是宏观经济政策调控的正常结果。内蒙古自治区地方财政收入占GDP的比重从5.32%增长到2006年14.32%,如果再加上中央转移支付资金以及预算外资金,那么这一比例会更高。同时,全国地方财政收入占GDP的比例从6.03%增长到12.12%。从1998年起,内蒙古自治区地方财政收入占GDP的比重同全国地方财政收入占GDP的比重差距逐渐拉大,直到2004年,随着内蒙古经济增长质量的不断提高,内蒙古自治区地方财政收入占GDP的比重同全国地方财政收入占GDP的比重差距才逐渐缩小。说明随着地方经济的发展,财政实力也不断增强。

（三）财政自给率

1994年实行分税制的第一年,收入占支出比例为66.96%;1995年收入占支出的比例为74.7%;1997年财政收入突破百亿元大关,收入占支出的比例为77.88%;2000年收入占支出的比例仅为59.88%。内蒙古自治区的财政自给率虽然在60%~80%,但是"九五"时期自治区的财政收入平均每年增加9.8亿元,而财政支出平均每年增加25.7亿元,这反映了内蒙古自治区的财政收支缺口不是在缩小，而是在扩大。这是因为：财政收入中的非税收入所占比重逐年加大，造成收入增长与财力增长不同步；支出中刚性支出增多，如调资、粮食风险基金、社会保障基金及按法定比例增加的支出；配套资金多，中央下达给内蒙古自治区的专款中大多数专款需自治区配套资金。所以说，内蒙古自治区的财政还是"吃饭"财政。

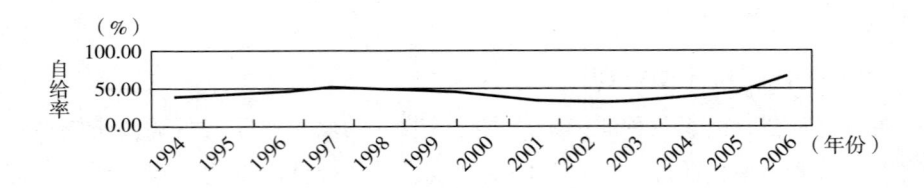

图 2-2　1994~2006 年内蒙古自治区预算内收入财政自给率

二、财政收入结构分析

（一）预算内外收入比例分析

从表 2-5 中可以看出，1994~2006 年预算外收入占预算内收入中的比例不断下降，由 1994 年的 68.22%，下降到 2006 年的 13.5%，12 年共下降 50 多个百分点。预算外收入与预算内收入相比较，占 GDP 的比例也在不断下降。从增长率上看，预算外资金的增长速度表现出极大的不稳定性，但是增速依然较快，在许多年份是高于预算内收入增长速度，其平均增速为 14.2%。

1993 年对预算外资金进行规范之后，预算外资金规模大幅度下降。但是，预算外资金的主体由地方财政各项附加收入、行政事业性单位收费或基金所组成；预算外资金以税收附加、收费、基金、集资等多种方式，在财政集中性分配之外循环，游离于财政监管之外；1994 年预算外资金的征收项目、范围、标准，一再失控，1996 年预算外资金的增长速度高达 35%。这一时期，预算外资金分散了财力，搅乱了分配，助长和滋生了腐败[①]。国家不断规范，但也不断地反复扩张。

---

① 财政税收制度改革与运行全书［M］. 北京：中国大地出版社，1998.

表 2-5 1994~2006 内蒙古自治区本级预算内外收入、
增速及占 GDP 的比重   单位：亿元,%

年份	预算内收入			预算外收入			预算外与预算内收入比例
	绝对额	增长率	占 GDP 比重	绝对额	增长率	占 GDP 比重	
1994	36.30	-35.3	5.81	24.76	22.82	3.96	68.22
1995	43.70	20.4	5.61	27.76	12.12	3.57	63.52
1996	57.26	31	6.40	37.53	35.19	4.20	65.55
1997	73.18	27.8	7.03	50.53	34.64	4.85	69.05
1998	89.77	22.7	7.87	28.8	-43.00	2.53	32.08
1999	100.82	12.3	7.95	25.06	-12.99	1.98	24.86
2000	110.68	9.8	7.97	31.67	26.38	2.28	28.61
2001	117.38	6.1	7.58	38.59	21.85	2.49	32.88
2002	132.91	13.2	7.75	40.87	5.91	2.38	30.75
2003	162.72	22.4	8.03	48.55	18.79	2.40	29.84
2004	238.28	46.4	9.44	54.72	12.71	2.17	22.97
2005	335.09	40.6	10.62	86.97	58.94	2.76	25.95
2006	594.59	77.4	14.32	79.4	-8.70	1.91	13.35
平均	—	22.68	8.18	—	14.20	2.88	39.05

资料来源：预算外收入数据来源于 1985~2007 年《中国财政统计年鉴》，预算内数据来源于 1985~2007 年《内蒙古统计年鉴》。

（二）预算内收入结构分析

从表 2-6 中可以看出，地方预算内收入主要由工商税收和企业所得税两大部分支撑，1994~2006 年工商税收的平均占比为 62.15%，企业所得税的占比为 9.26%，这两部分收入在预算收入中占比达 70% 以上，其他税收以及一些非税收入占比不足 30%。换言之，内蒙古自治区的地方预算内收入主要依赖于税收收入，这一比例远低于中央税收水平。

表 2-6 1994~2006 各项主要收入占预算收入的比重   单位:%

年份	工商税收	企业所得税	国有资本经营收入	年份	工商税收	企业所得税	国有资本经营收入
1994	72.11	11.85	1.35	1996	61.89	10.36	0.95
1995	63.69	14.24	0.93	1997	62.85	9.16	0.90

续表

年份	工商税收	企业所得税	国有资本经营收入	年份	工商税收	企业所得税	国有资本经营收入
1998	63.42	6.54	1.56	2003	61.81	5.16	4.36
1999	58.04	9.34	1.59	2004	62.05	4.42	7.50
2000	57.50	11.15	1.35	2005	63.75	6.98	5.33
2001	57.51	15.29	1.96	2006	63.58	7.95	5.50
2002	59.69	8.00	3.60	平均	62.15	9.26	2.84

资料来源：内蒙古自治区统计局网站。

（三）转移支付与地方收入比重

从总体上看，随着内蒙古自治区本级收支规模的不断扩大，从中央获取的转移支付规模不断扩大。1994 年转移支付规模为 63 亿元，2006 年为 489 亿元，增加了近 7 倍。从本级收入与中央转移支付的比例上看，1994 年分税制改革后的几年比例较高，1997 年高达 83.58%，意味着地方财政收入主要来自本级的收入，中央的转移支付比例不足 17%。从 1998 年开始，这一比例有所下降，但随后又开始上升。

表 2-7 1994~2006 年内蒙古自治区本级收入与
中央补助收入比例   单位：万元，%

年份	本级收入	中央补助（含税收返还）	本级收入与中央补助的比重
1994	362969	—	—
1995	402348	631244	63.74
1996	572571	726192	78.85
1997	660777	790546	83.58
1998	776654	941775	82.47
1999	865714	1161950	74.51
2000	950320	1608195	59.09
2001	994313	2395364	41.51
2002	1128546	2877378	39.22
2003	1387157	2719246	51.01
2004	1967589	3895893	50.50

续表

年份	本级收入	中央补助（含税收返还）	本级收入与中央补助的比重
2005	2774553	4127315	67.22
2006	3433774	4894457	70.16

资料来源：1995～2007年《中国财政年鉴》。

第四节 收支分类改革到全口径预算改革前的内蒙古自治区财政收入（2007～2013年）

一、财政收入规模分析

（一）财政收入规模不断扩大

2007年以来，内蒙古自治区政府总收入规模不断扩大。由表2-8可知，公共财政预算收入由2007年的492.36亿元增加到2013年1720.98亿元，增加近2.5倍，占全国地方财政预算收入的比重从2007年到2010年增加了0.54个百分点，近两年稍有下降，但保持在2.5%左右；政府性基金预算收入规模从2007年的182.86亿元增加到2011年的822.39亿元，增加了3.5倍，但是2013年与2011年相比，政府性基金预算收入规模下降了约20%；财政专户管理资金收入呈现出先增后降的过程，2010年达到峰值为142.72亿元，2011～2013年大幅下降，基本保持在48亿元左右，这主要是由于2011年国家将财政专户的绝大多数资金纳入预算内管理所致；2011年内蒙古自治区开始独立编制国有资本经营预算，因处于试点期，试点范围较小，而且国有企业上缴利润比例较小，国有资本经营预算收入总体规模较小。

表2-8 2007～2013年内蒙古自治区财政收入规模及增长率 单位：亿元

收入项目		2007年	2008年	2009年	2010年	2011年	2012年	2013年
公共财政预算收入	总额	492.36	650.68	850.86	1069.98	1356.67	1552.75	1720.98
	增长率	43.39%	32.15%	30.77%	25.75%	26.79%	14.45%	10.83%
	占全国比重	2.09%	2.27%	2.61%	2.63%	2.58%	2.54%	2.50%

续表

收入项目		2007年	2008年	2009年	2010年	2011年	2012年	2013年
政府性基金预算收入	总额	182.86	277.62	317.39	607.25	822.39	699.17	646.74
	增长率	—	51.82%	14.33%	91.32%	35.43%	-14.98%	-7.50%
国有资本经营预算收入	总额	—	—	—	—	2.83	7.29	5.50
	增长率	—	—	—	—	—	157.59%	-24.55%
财政专户管理资金收入	总额	96.96	107.72	112.06	142.72	48.05	45.01	48.82
	增长率	22.13%	32.27%	14.64%	19.83%	23.03%	10.59%	5.99%
政府收入	总额	772.18	1036.02	1280.31	1819.94	2229.94	2304.22	2422.04
	增长率	—	34.17%	23.58%	42.15%	22.53%	3.33%	5.11%

资料来源：根据2008~2014年《内蒙古财政年鉴》整理所得。

（二）财政收入增长速度下降

从收入增长速度来看，"十一五"时期以来，内蒙古自治区财政总收入增速呈下降趋势。由图2-3可知，公共财政预算收入增长率逐年下降，增速降幅明显，与GDP下降趋势基本一致（除2009年财政收入的增长速度明显高于GDP的增速外），但增长率均高于GDP的增长速度。政府性基金预算收入增速无规律可循，而且增长速度不稳定，如2010年的增速为91.32%，2012年则为14.98%的负增长，主要原因是2012年占政府性基金收入约70%的国有土地使用权出让收入大幅下降。财政专户管理资金增长速度表现出的不规则性主要源于2011年预算外资金纳入预算内管理的改革所致。

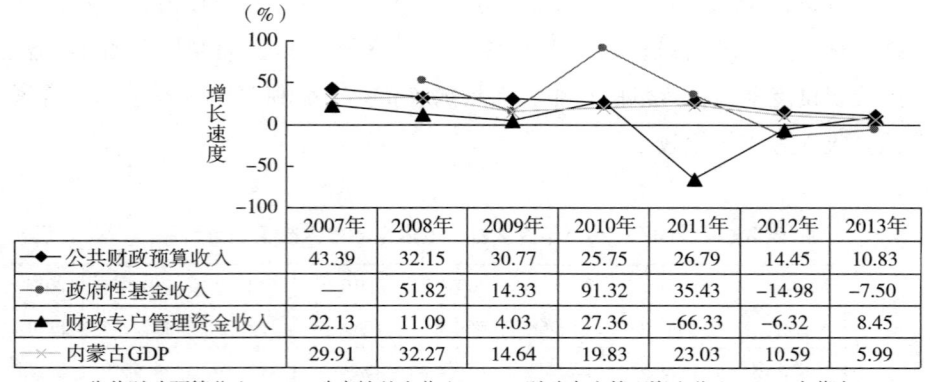

	2007年	2008年	2009年	2010年	2011年	2012年	2013年
公共财政预算收入	43.39	32.15	30.77	25.75	26.79	14.45	10.83
政府性基金收入	—	51.82	14.33	91.32	35.43	-14.98	-7.50
财政专户管理资金收入	22.13	11.09	4.03	27.36	-66.33	-6.32	8.45
内蒙古GDP	29.91	32.27	14.64	19.83	23.03	10.59	5.99

图2-3 内蒙古自治区财政公共预算总收入增长速度

资料来源：根据2008~2014年《内蒙古财政年鉴》整理所得。

第二章 改革开放40年内蒙古自治区财政收入分析

二、财政收入的结构分析

（一）税收收入

1. 税收收入的总量分析

公共财政预算收入由税收收入与非税收入两项构成。内蒙古自治区税收收入占公共财政预算收入比重偏低。首先，从公共财政预算收入内部构成上看，由表2-9可知，2007~2013年，内蒙古自治区税收收入占公共财政预算收入的比重维持在67%~73%，平均占比为70.8%；与同期全国地方公共财政预算收入分项结构比较，内蒙古自治区税收收入平均占比低于地方税收收入平均占比8.83个百分点。其次，从各项收入的增速上看，内蒙古自治区公共财政预算收入中税收收入平均增长率为23.54%，高于地方税收收入的平均增速4.71个百分点。但从2008~2013年的增速变化趋势看，地方税收收入的增长速度也明显放缓，增长速度由2008年的20.79%下降到2013年的13.89%，下滑幅度近7个百分点；与地方财政相比，内蒙古自治区税收收入的增长速度由2008年的33.50%下降到2013年的8.51%，下滑幅度近25个百分点。总之，与全国平均水平相比，内蒙古自治区税收收入占比偏低，内蒙古自治区的公共财政预算收入稳定性相对较差。

表2-9 2007~2013年内蒙古自治区税收收入与全国地方税收收入对比

单位：亿元，%

预算科目	指标	2007年	2008年	2009年	2010年	2011年	2012年	2013年	平均
内蒙古自治区公共财政预算收入	总额	492.36	650.68	850.86	1069.98	1356.67	1552.75	1720.98	1099.18
内蒙古自治区税收收入	绝对额	347.91	464.45	576.83	752.81	985.69	1119.87	1215.20	780.39
	增长率	—	33.50	24.20	30.51	30.93	13.61	8.51	23.54
	占内蒙古自治区公共财政预算收入比重	70.66	71.38	67.79	70.36	72.66	72.12	70.61	70.80
地方公共财政预算收入	总额	23572.62	28649.79	32602.59	40613.04	52547.11	61078.29	69011.16	44010.66

续表

预算科目	指标	2007年	2008年	2009年	2010年	2011年	2012年	2013年	平均
地方税收收入	绝对额	19252.12	23255.11	26157.43	32701.49	41106.74	47319.08	53890.88	34811.84
	增长率	—	20.79	12.48	25.02	25.70	15.11	13.89	18.83
	占比地方公共财政预算收入比重	81.67	81.17	80.23	80.52	78.23	77.47	78.09	79.63

资料来源：2009~2014年《中国统计年鉴》、国家统计局网站。

2. 税收收入的结构分析

（1）从绝对额上看，各税收收入均有大幅增加，增值税、营业税、企业所得税三大主要税种6年中分别增加了107.55亿元、237.78亿元、113.46亿元，其他的税种增幅更加明显，如资源税由16.67亿元增加到70.64亿元，城镇土地使用税由15.44亿元增加到85.51亿元，耕地占用税由3.74亿元增加到89.48亿元（见表2-10）。

表2-10　2007~2013年内蒙古自治区各项税收收入构成和增长率　　　　　　单位：万元

预算科目		2007年	2008年	2009年	2010年	2011年	2012年	2013年
增值税	总额	788928	1033422	1095639	1359517	1798700	1826838	1864448
	占比	22.68%	22.25%	18.99%	18.06%	18.25%	16.31%	15.34%
	增长率	—	30.99%	6.02%	24.08%	32.30%	1.56%	2.06%
营业税	总额	1152259	1347653	1702207	2345705	2836307	3197578	3530235
	占比	33.12%	29.02%	29.51%	31.16%	28.77%	28.55%	29.05%
	增长率	—	16.96%	26.31%	37.80%	20.91%	12.74%	10.40%
企业所得税	总额	418011	587981	748124	1016492	1561016	1798497	1552566
	占比	12.02%	12.66%	12.97%	13.50%	15.84%	16.06%	12.78%
	增长率	—	40.66%	27.24%	35.87%	53.57%	15.21%	-13.67%
企业所得税退税	总额	—	—	—	3832	0	—	0
个人所得税	总额	175951	240201	296788	393408	538292	476113	449714
	占比	5.06%	5.17%	5.15%	5.23%	5.46%	4.25%	3.70%
	增长率	—	36.52%	23.56%	32.56%	36.83%	-11.55%	-5.54%

续表

预算科目		2007年	2008年	2009年	2010年	2011年	2012年	2013年
固定资产投资方向调节税	总额	686	1873	—	—	8	—	—
	占比	0.02%	0.04%	0.00%	0.00%	0.00%	0.00%	0.00%
	增长率	—	173.03%	-100.00%	—	—	-100.00%	—
资源税	总额	166767	220576	275457	368174	568118	681045	706431
	占比	4.79%	4.75%	4.78%	4.89%	5.76%	6.08%	5.81%
	增长率	—	32.27%	24.88%	33.66%	54.31%	19.88%	3.73%
城市维护建设税	总额	235883	296385	355506	445859	598743	649390	691734
	占比	6.78%	6.38%	6.16%	5.92%	6.07%	5.80%	5.69%
	增长率	—	25.65%	19.95%	25.42%	34.29%	8.46%	6.52%
房产税	总额	107348	125710	156924	184674	233493	266069	318748
	占比	3.09%	2.71%	2.72%	2.45%	2.37%	2.38%	2.62%
	增长率	—	17.11%	24.83%	17.68%	26.44%	13.95%	19.80%
印花税	总额	56054	69385	79981	108206	139109	157573	159860
	占比	1.61%	1.49%	1.39%	1.44%	1.41%	1.41%	1.32%
	增长率	—	23.78%	15.27%	35.29%	28.56%	13.27%	1.45%
城镇土地使用税	总额	154449	340544	374005	445815	521432	674702	855164
	占比	4.44%	7.33%	6.48%	5.92%	5.29%	6.02%	7.04%
	增长率	—	120.49%	9.83%	19.20%	16.96%	29.39%	26.75%
土地增值税	总额	72772	106024	125519	205577	305705	350007	490391
	占比	2.09%	2.28%	2.18%	2.73%	3.10%	3.13%	4.04%
	增长率	—	45.69%	18.39%	63.78%	48.71%	14.49%	40.11%
车船税	总额	13097	31645	49221	62079	78230	109903	129387
	占比	0.38%	0.68%	0.85%	0.82%	0.79%	0.98%	1.06%
	增长率	—	141.62%	55.54%	26.12%	26.02%	40.49%	17.73%
耕地占用税	总额	37356	101264	321657	315298	306503	658315	894780
	占比	1.07%	2.18%	5.58%	4.19%	3.11%	5.88%	7.36%
	增长率	—	171.08%	217.64%	-1.98%	-2.79%	114.78%	35.92%
契税	总额	97385	139800	180808	279069	369285	349806	505519
	占比	2.80%	3.01%	3.13%	3.71%	3.75%	3.12%	4.16%
	增长率	—	43.55%	29.33%	54.35%	32.33%	-5.27%	44.51%

续表

预算科目		2007年	2008年	2009年	2010年	2011年	2012年	2013年
烟叶税	总额	2099	2018	1936	2088	1986	2815	2996
	占比	0.06%	0.04%	0.03%	0.03%	0.02%	0.03%	0.02%
	增长率	—	-3.86%	-4.06%	7.85%	-4.89%	41.74%	6.43%
其他税收收入	总额	12	—	4534	—	—	—	0
	占比	0.06%	0.04%	0.03%	0.03%	0.02%	0.03%	0.02%
	增长率	—	-100.00%	—	-100.00%			

资料来源：根据2008~2014年《内蒙古财政年鉴》整理所得。

（2）从增长率上看，由2007~2010年的高速增长转为2011~2013年中低速增长，甚至出现负增长，特别是三大主要税种的增长率明显下降，个人所得税和企业所得税近两年出现明显的负增长，2013年企业所得税增长率为-13.67%，个人所得税2012年增长率为-11.55%，2013年为-5.54%。另外，与土地相关的几个小税种则呈现强劲增长势头，以2013年为例，契税、耕地占用税、土地增值税、城镇土地使用税的增长率分别为44.51%、35.92%、40.11%和26.75%。从内蒙古自治区税收收入增长率可以看出，内蒙古自治区政府收入对"土地财政"的依赖程度不断加深，而大宗税种增长明显乏力，但是随着二线城市房地产的不景气，对"土地财政"的依赖并不是可持续的（见表2-4）。

（3）从各税收收入的构成上看，营业税占比最大，基本在28%以上，但是随着营改增的全面推行，营业税这一主体税种将消失；2007~2013年增值税税收收入占比仅次营业税，但这一占比处于下降的趋势，当然"营改增"后这一比重会有所上升，但不可能太大，因为增值税属于中央与地方的共享税，因而"营改增"对内蒙古自治区的税收收入冲击较大；企业所得税占比保持在12%以上；随着近两年个人所得税出现负增长，其占比处于下降趋势，如2013年仅占总收入的3.7%；城镇土地使用税保持在6%左右；耕地占用税占比逐年增长，由2007年的1.07%增加到2013年的7.36%，增加了近6个百分点。总体上，2007~2013年内蒙古自治区税收收入的45%主要来源于增值税和营业税，而增值税增长速度大幅度下降，营业税将改为增值税，经济下行压力加大，稳定内蒙古自治区税收收入持续增长将面临较大的困境（见表2-10）。

(二) 非税收入

内蒙古自治区非税收入的规模不断扩大,增长速度减缓。随着社会经济的发展,内蒙古自治区税收收入与非税收入有了大幅度的增加。从绝对额上看,由表2-11可知,2007~2013年内蒙古自治区非税收入由3491391万元增加到12068445万元,6年增加了2.45倍,而税收收入2013年比2007年增加了近2.48倍。从图2-4可以看出,2007年之前,内蒙古自治区的非税收入低于税收收入,2007年之后非税收入明显高于税收收入,一直到2013年非税收入略低于税收收入。

1. 增长速度

从增长速度看,非税收入增长速度很快,以平均每年31%的速度在加快,比税收收入平均增速高出7个百分点(见表2-11)。

表2-11 2007~2013年内蒙古自治区非税收入规模与增长 单位:万元

年份	税收收入	增长速度(%)	全口径非税收入	非税增长速度	非税与税收收入比值(%)
2007	3479057	33.9	3491391	114.2	100.4
2008	4644481	33.5	5715690	63.7	123.1
2009	5768306	24.2	7034828	23.1	122
2010	7528129	30.5	10671314	51.7	141.8
2011	9856927	30.9	12414139	16.3	125.9
2012	11198651	13.6	11843557	-4.6	105.8
2013	12139337	8.4	12068445	1.9	99.4
平均	4590203	24	5002523	31	94

资料来源:根据2001~2014年《内蒙古财政年鉴》整理所得。

2. 波动幅度

从波动幅度看,与税收收入相比,非税收入的波动幅度非常大,2007年非税收入的增速高达114.2%(见图2-4,表2-11)。非税收入波动幅度大,其主要原因在于制度政策的变化。2004年7月23日财政部下达《财政部关于加强政府非税收入管理的通知》,2005年内蒙古自治区出台了《内蒙古自治区非税收入管理暂行办法》(内政字〔2005〕301),2006年内蒙古自治区下达了关于《规范和加强政府非税收入管理的通知》。2007年在中央大力整顿和规范税收秩序的背景下，内蒙古自治区加大对非税收入征管理力度，全面清理和规范非税收入，坚决取消不合理和不合法的非税收入项目，完善非税收入管理政策和制度：第一，将土地出让收支全部纳入地方政府性基金预算，强化土地出让收支监督管理，进一步加强土地、海域、矿产等资源性收入的征收管理。第二，加强行政事业单位国有资产收益管理，将行政单位和事业单位国有资产有偿使用收入与处置收入等纳入财政非税收入管理，实行"收支两条线"。

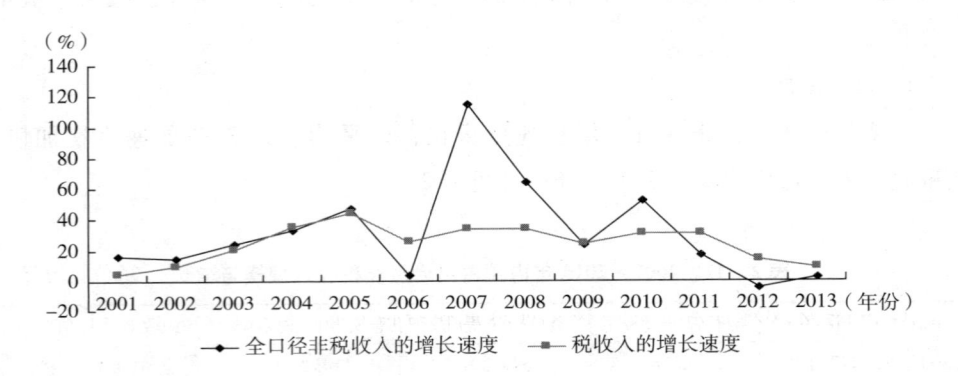

图 2-4 2001~2013 年内蒙古自治区税收与非税收入增长趋势

资料来源：根据 2000~2014 年《内蒙古财政年鉴》整理所得。

各项非税收入增长速度不稳定。2007~2013 年，一般公共预算中的各项非税收入增长速度极不稳定，在全口径非税收入中的比例也表现出不稳定性，2008 年的占比为 32.6%，2009 年这一比例增加了 6 个百分点，2010 年、2011 年又下降到 30%，2013 年则又增加到 41%。总体上 6 年的平均占比为 35%[①]。

政府基金占非税收入的"半壁江山"。从表 2-12 可知，2008 年以来内蒙古自治区各项非税收入比例随着经济发展和财政管理改革的推进不断变化。但总体上看，政府性基金占比最大，2008 年和 2009 年占非税收入的比重为 45% 左右，2010~2013 年以后均在 50% 以上。政府性基金占非税收入比重较大，因此，政府性基金的变化对非税收入影响较大。政府基金收入主要由国有土地使用权出让收入支撑，国有土地使用权出让收入占政府性基金收入的 70% 左右。

---

① 2009~2014 年数据根据《内蒙古财政年鉴》整理所得。

表2-12 2008~2013年各项非税收入占全口径非税总收入比重 单位:%

年份	2008	2009	2010	2011	2012	2013
一般公共预算的非税收入	32.6	39.0	29.7	29.9	36.5	41.9
政府基金预算收入	48.6	45.1	56.9	66.2	59.0	53.6
财政专户管理资金	18.8	15.9	13.4	3.9	3.8	4.0
国有资本经营收入	—	—	—	—	0.6	0.5
全口径非税收入	100	100	100	100	100	100

资料来源:根据2009~2014年《内蒙古财政年鉴》数据整理所得。

(三) 转移性收入

按照《2015年政府收支分类科目表》,转移性收入包括中央对地方的返还性收入、一般性转移支付、专项转移性收入和政府基金转移收入,上年结余收入、调入资金、债券转贷收入和接收其他地区援助收入。本书重点分析中央对地方的转移性收入。

1. 中央财政对自治区的转移支付总量和结构分析

从规模上看,中央财政对内蒙古自治区的财政转移支付总体规模是不断扩大的,从2007年的657亿元增长到了2013年的1700多亿元,增长规模十分显著。从增长速度上看是逐年减缓的,从2007年的34.28%减缓至2013年的1.79%。增速的减缓与内蒙古自治区近年经济实力和财力的增长速度加快不无关系。从转移收入的结构上看,返还性收入占比较小,而且这一比重由2007年的10.27%下降到2014年的0.04%,而一般性转移支付与专项转移支付的占比均在40%以上,总体上看前者的占比大于后者(见表2-13)。但是,转移支付的结构很不合理,主要表现为专项转移支付比重太大,当资金极其匮乏及管理极其不规范下专项性资金才能体现出专款专用的特殊优势,而如今财政管理日益科学规范,专项资金的弊端日益凸显,严重影响了资金的使用效率。

表2-13 2007~2013年中央对内蒙古自治区财政转移支付收入 单位:万元

年份		2007	2008	2009	2010	2011	2012	2013
转移支付总额	总额	657.24	785.15	1023.20	1155.40	1569.26	1748.74	1780.06
	增长率(%)	34.28	19.46	30.32	12.92	35.82	11.44	1.79

续表

年份		2007	2008	2009	2010	2011	2012	2013
返还性收入	总额	67.47	72.72	118.64	123.23	129.59	130.24	130.29
	占比（%）	10.27	9.26	11.60	10.67	8.26	7.45	7.32
	增长率（%）	8.00	7.78	63.14	3.87	5.16	0.50	0.04
一般性转移支付收入	总额	337.04	385.55	471.59	557.71	729.46	849.12	938.07
	占比（%）	51.28	49.11	46.09	48.27	46.48	48.56	52.70
	增长率（%）	37.01	14.39	22.32	18.26	30.80	16.40	10.48
专项转移支付收入	总额	252.73	326.87	432.96	474.46	710.21	769.38	711.70
	占比（%）	38.45	41.63	42.31	41.06	45.26	44.00	39.98
	增长率（%）	39.65	29.34	32.46	9.59	49.69	8.33	-7.50

资料来源：根据2008~2013年《内蒙古财政年鉴》计算所得。

2. 可用财力分析

由表2-14可知，内蒙古自治区可用财力规模不断增加，从2007年的1148.10亿元增加到2013年的3492.34亿元，增加了2倍，但增长速度下降较快，由2008年的24.89%下降到2012年的5.84%，下降的主要原因是：中央补助收入规模逐年增加，但增长速度下降较快，由2008年19.46%的增长速度下降为2013年的1.79%，下降近18个百分点。

表2-14 2007~2013年内蒙古自治区可用财力分析   单位：亿元

预算科目		2007	2008	2009	2010	2011	2012	2013
公共财政预算收入	总额	492.36	650.68	850.86	1069.98	1356.67	1552.75	1720.98
	增长率	—	32.15%	30.77%	25.75%	26.79%	14.45%	10.83%
上级补助收入	总额	657.24	785.15	1023.20	1155.40	1569.26	1748.74	1780.06
	增长率	—	19.46%	30.32%	12.92%	35.82%	11.44%	1.79%
上解上级支出	总额	1.50	1.92	2.15	2.14	2.49	1.77	8.70
	增长率	—	28.00%	11.98%	0.00%	16.35%	-28.91%	391.52%
可用财力	总额	1148.10	1433.90	1871.91	2223.24	2923.44	3299.72	3492.34
	增长率	—	24.89%	30.55%	18.77%	31.49%	12.87%	5.84%

备注：地方可用财力=内蒙古自治区公共财政预算本年收入+中央补助收入-上解中央支出

资料来源：根据2008~2014年《内蒙古财政年鉴》数据整理所得。

从表 2-14 可用财力构成来看，公共财政预算收入占可用财力比重低于上级补助收入占可用财力比重，但比较历年数据可知，上级补助收入所占比重逐年减小，而公共财政预算收入所占比重则逐年增加。

第五节 全口径预算下的内蒙古自治区财政收入

2003 年 10 月党的十六届三中全会所通过的《中共中央关于完善社会主义市场经济体制若干问题的决定》中，提出了"实行全口径预算"，积极构建公共财政体制框架并致力于将所有政府收支纳入预算管理。

根据新《预算法》第 4 条明确规定"政府的全部收入和支出都应当纳入预算"；第 5 条明确规定"预算包括一般公共预算、政府性基金预算、国有资本经营预算、社会保险基金预算"。实行全口径预算管理，是建立现代财政制度的基本前提。预算收入全口径，不仅包括税收和收费，还包括国有资本经营收入、政府性基金收入等。公共财政预算指的是一般预算，它是财政部门最常见的预算形式，划分为中央政府预算和地方政府预算；政府性基金预算是各级人民政府及其所属部门根据法律、行政法规规定，为了支持某项目事业发展，向公民、法人和其他组织无偿征收的具有专项用途的财政资金，它是政府预算体系的重要组织部分。

一、财政收入规模分析

2013 年以来，由于经济下行，对内蒙古自治区财政收入增长产生了较大的影响，为保证财政可持续，各级财税部门将"抓收入、稳增长"作为头等大事来抓。认真分析经济形势，就做好财政增收工作及早协调国税、地税部门和相关部门，按地区、按部门分解落实年度收入目标任务，层层落实责任，传导压力，积极完成预算收入目标。适时召开盟市财政局长座谈会，建立自治区、盟市、旗县财税三级联动工作机制，坚持厅领导专人分片督导。建立综合治税机制，支持税务部门加强税收征管，整顿和规范税收秩序，努力挖掘增收潜力和堵塞征管漏洞，努力实现财政收入持续、健康和高质量增长。

2014 年，全区完成公共财政预算收入 1843.1 亿元，完成年度预算的 100.2%，比 2013 年同期增加 122.1 亿元，增长 7.1%。其中一般公共预算内税收收入为1251.1亿元，非税收入为592.6亿元。

2015年，全区一般公共预算收入1964.48亿元，完成预算的100.6%，比2014年增长120.81亿元，增长6.6%。其中，税收收入1320.75亿元，同比增长5.6%；非税收入643.74亿元，同比增长8.6%[①]。

2016年，全区经济社会发展总体平稳、稳中有进、稳中提质。总体平稳，主要是经济运行处于合理区间。预计全区生产总值1.9万亿元，增长7.3%左右。一般公共预算收入2016.5亿元，按可比口径增长7%。一般公共预算支出4526.3亿元，增长6.4%（2017年政府工作报告）。

2017年，积极认真落实中央巡视"回头看"指出的自治区经济数据问题，加强对经济运行的调控，着力稳增长、促改革、调结构、惠民生、防风险。加强税收和非税收入的征管工作，全面落实"营改增"、支持中小微企业发展等税收优惠政策，努力挤出财政收入水分，做实财政收入。全区实现地区生产总值16103.2亿元，按可比价格计算，比2016年增长4.0%。全年完成一般公共预算收入1703.4亿元，比2016年下降14.4%，如果剔除2016年虚增因素，比2016年增长14.6%；一般公共预算支出4523.1亿元，比2016年增长0.2%。自治区本级的一般公共预算收入487.78亿元，完成调整预算的145.6%；一般公共预算支出906.52亿元，完成调整预算的91%；政府性基金收入56.22亿元、支出98.24亿元；国有资本经营预算收入2.71亿元、支出2.45亿元；社会保险基金预算收入178.9亿元、支出183.1亿元[②]。

二、财政收入结构分析

（一）税收与非税收入比例分析

2014年，内蒙古自治区税收入为1251.1亿元，全口径非税收入（政府性基金收入+国有资金经营预算收入+财政专户管理收入）为1139.7亿元，非税收入占税收收入的比例为91%。

2015年，内蒙古自治区税收入为1320.7亿元，全口径非税收入（政府性基金收入+国有资金经营预算收入+财政专户管理收入）为899.3亿元，非税收入

[①] 2016年《内蒙古财政年鉴》。
[②] 关于2017年度自治区本级预算执行和其他财政收支的审计工作报告，http://www.nmgaudit.gov.cn/doc/2018/08/24/28131.shtml。

占税收收入的比例为68%。

2017年，2017年全区一般公共预算收入完成1703.4亿元，剔除虚增因素，同比增长14.6%。非税收入占比下降，非税收入占比由上年的33.8%下降到24.4%，财政收入质量明显提高①。

（二）转移支付与本级收入比例分析

积极向中央反映自治区财政发展情况和实际困难，大力争取中央支持，增加自治区可用财力。

2014年中央下达一般性转移支付收入306062万元，返还性收入91520万元，专项转移支付470597万元。中央转移支付总额占当年财政收入的比重为101.9%。

2015年中央下达各类重点一般性转移支付610.66亿元，比2014年增加68.8亿元，增长12.7%，其中：均衡性转移支付385.23亿元，民族地区转移支付81.77亿元，边境地区转移支付25.86亿元，资源枯竭城市转移支付6.76亿元，成品油价格和税费改革转移支付30.55亿元，县级基本财力保障机制奖补资金50.76亿元，国家重点生态功能区转移支付29.63亿元，革命老区转移支付1000万元②。中央转移支付总额占当年财政收入的比重为108.7%。

第六节 内蒙古自治区财政收入可持续增长评析

一、结论

第一，从财政收入的总体规模上看，改革开放40年以来，内蒙古自治区财政收入规模大幅度增加，逐步将全部收入纳入预算管理，财政收入分类更加科学，财政收入征管水平得到很大提升。

第二，从增长速度上看，内蒙古自治区各项财政收入经历几年高速增长后，随着经济进入新常态，增速开始回落。总体上看，不同时期，因经济、政治等多种影响，各项收入呈现出不同的增长波动幅度。

---

① 2017年内蒙古自治区政府工作报告。
② 2016年《内蒙古财政年鉴》。

第三，从财政收入结构上看：①与全国平均水平相比较，内蒙古自治区税收收入占财政收入比重偏小，主体税种缺失，"营改增"对内蒙古自治区地方税收收入冲击较大，与土地相关的小税种在税收收入构成中的比例较大；②全口径非税收入占比大，对内蒙古自治区财力贡献高于税收收入贡献度，政府性基金占据了非税收入"半壁江山"，而政府性基金则主要由国有土地使用权出让收入和煤炭价格调节基金来支撑，随着煤炭价格下跌和房地产的不景气，政府性基金收入出现明显的负增长；国有资源（资产）有偿使用收入和国有资本经营收入可能会成为未来内蒙古自治区非税收入新的增长点，非税收入在地方四级政府分成中，盟市和旗县级政府对非税收入的依赖度太大；③中央对地方的补助收入在内蒙古自治区可用财力中的比重下降，而且专项转移性收入比重较大，严重影响了内蒙古自治区财力均等化效应和资金的使用效益；④内蒙古自治区的经济增长与一般公共预算财政收入增长均体现出明显的周期性，并且一般公共预算财政收入的增长滞后于经济增长，近几年来两者的增长速度逐渐趋同。内蒙古自治区的经济增长与一般公共预算财政收入之间存在长期的稳定关系①。

总体来看，改革开放 40 年内蒙古自治区实现了财政收入的稳增长，但收入结构不合理，对"土地"依赖较大，但随着经济下行的影响，结构性问题日益突出，另外，国家结构性减税、全面清理和整顿非税收入项目等政策对内蒙古自治区财政收入的可持续增长带来前所未有的挑战。

二、内蒙古自治区财政收入可持续增长对策分析

（一）完善政府预算管理体系，统筹地方财政收入

明确一般公共预算、政府性基金预算、国有资本经营预算、社会保险基金预算的收支范围，建立定位清晰、分工明确的政府预算体系，政府的收入和支出全部纳入预算管理。

第一，重点完善政府性基金和国有资本经营预算管理，建立与公共财政预算有效衔接机制。一是加大政府性基金预算、国有资本经营预算与一般公共预算的统筹力度，建立将政府性基金预算中应统筹使用的资金列入一般公共预算的机

---

① 陈世杰，周利光，杨志坚. 内蒙古财政收入与经济增长的协整关系研究 [J]. 经济研究参考，2016（59）：105 - 109.

制,细化政府性基金预算;二是扩大国有资本经营预算的覆盖面,在"十三五"期间用5年时间逐步将内蒙古自治区国有经营收益上缴比例提高到30%。

第二,加强税收征管,逐步提高内蒙古自治区税收收入,使税收收入占一般公共预算收入比重达到全国平均水平。一是各级税收征管部门要依照法律法规及时足额组织税收收入,并建立与相关经济指标变化情况相衔接的考核体系。二是切实加强税收征管,做到依法征收、应收尽收,不收过头税,严防财政"空转"。三是严格减免税管理,不得违反法律法规的规定和超越权限多征、提前征收或者减征、免征、缓征应征税款。

(二)全面梳理现有各类非税项目,进行清理整顿

第一,清理取消不合法、不合理收费,促进经济平稳较快发展。按照当前的国家宏观经济政策导向,要激活内蒙古自治区市场经济活力,必然在非税收入项目上做出调整,一些涉企、涉农性收费要减免或降低。要清理现行行政事业性收费和服务性收费,取消身份证工本费等"普惠性"以及城市路桥通行费等"时过境迁"的项目,对纳入预算管理的非税收入应专门行文明确规定不再纳税。从体制机制改革,看住向企业乱收费的手,实现减轻企业负担的目的,稳定经济增长。

第二,规范资产和资源类收费管理。国有资产或资源收费是政府以资产所有者身份收取的相应收费或收益。例如行政事业单位占有大量的国有资产,而且资产的闲置率较高,或进行不当处置致使国有资产流失。从数据分析的结论来看,资产和资源类收费可能会成为内蒙古自治区的各级政府非税收入重要的、稳定的财力来源之一,所以健全相应的法律规范,加强国有资产或资源管理。

第三,"费改税"。"费改税"的实质是为规范政府收入机制而必须采取的一项重大改革举措,是指在对现有的政府收费进行清理整顿的基础上,用税收取代一些具有税收特征的收费,通过进一步深化财税体制改革,初步建立起以税收为主,少量的、必要的政府收费为辅的政府收入体系。例如,对排污费等准税收性质的收费实行"费改税"。

(三)产业结构优化是财政收入增长的可靠基础

内蒙古自治区经济发展方式的转变最终还要落脚在产业结构的优化。内蒙古自治区的产业发展存在高污染、高能耗、高风险的"三高"问题,对原本就十分脆弱的生态环境造成巨大的压力,按照低碳经济、低碳产业结构的要求调整和

优化产业结构已成当务之急。所以，要从推广低碳技术、发展低碳经济着手，以建立低碳产业为途径，以建设资源节约型、环境友好型社会为目标，最终实现内蒙古自治区经济与人口资源环境的协调可持续发展。

内蒙古自治区产业结构的优化升级应充分发挥资源优势，不断加强企业的自主创新能力和持续发展的能力，在此基础上发展高科技产业，积极培育新的经济增长点，进而促进财政收入能力的提高。内蒙古自治区应在现有的基础上做优第一产业，做强第二产业，做大第三产业，而不是一步迈入"三二一"的高级产业结构，也就是采用休斯敦的复合模式。

第三章

改革开放40年内蒙古自治区财政支出分析

新时代内蒙古自治区全面贯彻落实党的十九大精神，深入贯彻落实习近平总书记考察内蒙古自治区重要讲话精神，按照中央经济工作会议、农村工作会议以及自治区第十次党代会、自治区党委十届五次全会工作部署，坚持稳中求进的工作总基调，坚持新发展理念，紧扣社会主要矛盾变化，统筹推进"五位一体"总体布局和协调推进"四个全面"战略布局，坚持以供给侧结构性改革为主线，继续实施积极财政政策，增强财政可持续性；调整优化支出结构，着力支持打好防范化解重大风险、精准脱贫、污染防治攻坚战，坚决守好发展、民生、生态三条底线；完善预算管理制度，全面实施绩效管理；逐步建立权责清晰、财力协调、区域均衡的财政关系，促进区域协调发展，推进基本公共服务均等化。

第一节 生产建设型的内蒙古自治区财政支出
状况（1978~1993年）

1978年党的十一届三中全会召开，确立以经济建设为中心和改革开放的战略决策。从改革开放到1993年"分税制"改革前这一时期，为了实现国家和内蒙古自治区确定的方针政策，积极适应经济社会发展情况和需要，强调以经济建设为中心，加大改革开放的力度，坚持国民经济持续、稳定、协调发展的方针，这一时期内蒙古自治区财政支出的重点在经济建设类支出，经济建设类支出占财政总支出的50%左右，高于全国同期平均水平。通过不断调整和理顺财政政策，全区财政支出规模总量稳步增长，财力明显增强，财政支出结构日趋合理，财政支出效率稳步提高，为推动这一时期全区改革开放和现代化建设做出了重要贡献。

一、财政支出总量稳步增加

通过财税体制改革的探索，自治区国民经济经过调整完善、整顿提高，开始走向稳步发展阶段，财政支出稳步提升。从经济总量上看，地区生产总值由改革开放之初1978年的58.04亿元，增加到1993年的537.81亿元，16年增长了8.27倍，年均增长9.8%，高于全国同期的平均增长速度，明显快于内蒙古自治区前30年的增长速度（见表3-1）。

表3-1 1978~1993年内蒙古自治区生产总值、三次产业
总额及财政支出状况　　　　　　　　　单位：亿元，%

年份	地区生产总值	第一产业	第二产业	第三产业	财政支出	财政支出增长速度	科教文卫支出
1978	58.04	18.96	26.37	12.71	18.69	33	3.04
1979	64.14	21.03	28.37	14.74	21.04	12.6	3.41
1980	68.40	18.03	32.26	18.11	18.37	-12.7	3.80
1981	77.91	27.14	32.04	18.73	16.35	-11	4.14
1982	93.22	33.32	37.21	22.69	20.31	24.2	5.03
1983	105.88	35.90	41.98	28.00	22.83	12.4	5.76

第三章 改革开放 40 年内蒙古自治区财政支出分析

续表

年份	地区生产总值	第一产业	第二产业	第三产业	财政支出	财政支出增长速度	科教文卫支出
1984	128.20	42.98	47.74	37.48	30.86	35.2	7.44
1985	163.83	53.54	56.95	53.34	34.18	10.8	8.40
1986	181.58	54.64	61.55	65.39	43.90	28.4	9.85
1987	212.27	62.21	70.42	79.64	45.56	3.8	10.50
1988	270.81	90.20	85.72	94.89	51.01	12	12.34
1989	292.69	89.08	98.96	104.65	55.81	9.4	13.45
1990	319.31	112.57	102.43	104.31	60.90	9.1	15.02
1991	359.66	117.19	124.03	118.44	66.62	9.4	15.63
1992	421.68	126.86	152.56	142.26	72.07	8.2	17.64
1993	537.81	149.96	203.46	184.39	88.28	22.5	20.94

资料来源：根据《内蒙古统计年鉴》和《内蒙古财政年鉴》数据整理得出。

从财政支出规模总量上看，改革开放以来，随着自治区财力的逐步增强和国家对少数民族地区财政的扶持，自治区财政可用资金不断增加，财政支出也大幅度增长。1978~1993 年财政支出由 1978 年的 18.69 亿元增加到 1993 年的 88.28 亿元，年均增长 12.96%，其中，1978~1988 年财政支出为 1947~1977 年 1.82 倍；1987~1995 年，内蒙古自治区财政支出由 45.56 亿元增加到 102.18 亿元，增长了 1.24 倍，年均增长了 11.7%。1991~1995 年即内蒙古自治区"八五"时期，地方财政支出由 1990 年的 60.9 亿元增加到 1995 年的 102.2 亿元，年均增长 10.9%。地方财政支出累计达 421.97 亿元，比"七五"时期增加 164.77 亿元，增长 64.1%。

二、财政支出结构日趋完善

1978~1993 年，在总量增长的同时，财政支出结构也逐步趋于合理。自治区各项财政支出不断上升，占比最高的是经济建设类支出，占财政总支出的 50% 左右，高于全国同期平均水平。增长较快的是农牧业支出、工业支出、重大基础设施支出及科教文卫事业支出，财政支出用于科教文卫支出 1978 年为 3.04 亿元，1993 年为 20.94 亿元，增长 5.89 倍；用于抚恤救济支出增长 1.7 倍。内蒙古自治区地方财政支出，由基本建设投资、扶持企业资金（含补充流动资金、挖潜革新改造资金、简易建筑费、科技三项费用)、各类事业(含经济建设、科学文教卫生、抚恤救济)、行政管理费及其他支出(含城市维护、城镇青年就业、价格补贴等)等组成。

1988~1990年，地方财政累计支出167.72亿元，其中，基本建设投资支出为14.63亿元，占8.7%；扶持企业资金为10.15亿元，占6.1%；各类事业费支出为40.82亿元，占24.3%；行政管理支出22.42亿元，占13.4%；其他支出79.67亿元，占47.5%。

(一) 农牧业支出

1978~1993年，自治区用于农牧业生产建设方面的基本建设投资，随着农牧业生产的发展而逐年增加。用于农牧业生产建设方面的基本建设投资比例，由1987年的4%提高到1990年的13.2%。农牧业生产条件得到了明显的改善，粮食和畜牧业生产同创历史最好水平。粮食产量由1987年的607万吨增加到1993年的1108.3万吨，牧业年度牲畜总头数由1987年的4555.2万只(头)增加到1993年5577.9万头(只)。"八五"时期，财政用于支援农牧业生产支出累计21.77亿元，促进农牧业持续健康发展。全区农牧业综合生产能力稳步提高，乡镇企业发展迅速，农村牧区经济得到了全面发展。

(二) 工业生产支出

在1979~1993年，财政用于工业生产方面的基本建设投资逐年增加，投资比例由1979年的23.7%提高到1990年的75.4%，工业生产能力明显增强，1993年，全区现价工业总产值完成505亿元，按可比价格计算，比1992年增长12.8%；工业经济效益综合指数达到75.3，比1992年有所提高。工业生产在市场需求和经济运行机制的重大变化中逐步加快，经济效益有所提高。

(三) 科教文卫事业支出

1979~1993年，自治区各级财政积极调整支出结构，财政资金投向民生和社会事业领域，内蒙古自治区科技、教育、文化、卫生、体育事业等各项社会事业迅猛发展，1993年科教文卫事业支出20.94亿元，是1979年的6.14倍(见表3-1)。

(四) 教育支出

1979年以来，初等教育普及是自治区教育工作首要任务。在1979~1993年，内蒙古自治区教育支出逐年上涨，从1979年的0.32亿元增长到1993年的1.98

亿元，增长了5.19倍。1990年，全区100个旗县如期完成了普及初等教育的历史任务，开始有计划、有步骤地依法实施九年义务教育。1993年各级各类学校累计16567所，学校招生人数89.5万人，在校学生358.3万人。

（五）社会保障事业支出

1979～1993年，随着国家社会保障制度的建立，抚恤标准额调整，内蒙古自治区财政支出中抚恤支出逐步增加，社会福利救济支出项目逐年增多，社会保障支出增长较快。1993年，全区社会保障支出16266万元，是1979年的2.78倍。其中，抚恤支出3477万元、社会福利救济支出8649万元、抗灾救灾支出4140万元，分别是1979年各项支出的4.5倍、2.9倍和2倍。

第二节 分税制财政改革中的内蒙古自治区财政支出状况（1994～1997年）

1994年，随着国家开始实行分税制财政管理体制，内蒙古自治区在全区范围内实行相配套的分税制财政管理体制，分设国税和地税机构，中央与地方的事权与支出责任划分以及支出结构发生了很大变化，确立了内蒙古自治区分税制配套改革的指导思想。继续坚持"统一政策，分级管理"的原则，进一步明确各级财政的权利和责任，充分调动自治区和盟市发展经济、增收节支的积极性，在基本保持各地区原有既得利益基础上，适当增加自治区政府的宏观调控能力，调整地区间收入差距，缓解旗县财政困难。1994～1997年，在财政支出管理方面，自治区借鉴了其他地区先进的预算管理经验，1997年在全区推行"零基预算"，自治区对盟市、盟市对旗县实行行政费用定额考核办法，重点监控人、车、会、话支出，将管理办法与实践紧密结合，有效控制财政支出规模，优化支出结构。

一、分税制财政改革中各级财政支出范围重新划分

根据事权与财权相结合的原则，合理确定内蒙古自治区各级财政支出范围，进一步明确事权与支出责任。由自治区级财政负担的财政支出范围：自治区级行政管理费；自治区本级负担的公检法支出和直属部门或单位的各项事业费支出；自治区统管的用于重要基础设施和公益设施方面的基本建设投资；自治区直属企业的技术改造和新产品试制费、简易建筑费；自治区安排的支援农牧业生产支

出；自治区本级财政负担的债务支出。由盟市财政负担的财政支出范围：盟市、旗县行政管理费、公检法支出；盟市、旗县负担的各项事业费支出；由盟市、旗县安排的支援农牧业生产支出、抚恤和社会福利救济支出、城市维护建设支出、价格补贴支出；由盟市、旗县级财政负担的债务支出；盟市在保证各种经常性开支需要的基础上自筹的基础设施和公益设施基本建设投资以及其他支出[①]。

二、1994~1997年财政支出规模

1994~1997年，财政收支矛盾突出，财税改革力度加大，年度预算平均增幅20%以上顺利实施。内蒙古自治区的财政支出规模不断上涨，从1994年的92.82亿元上涨到1997年的142.91年亿元，地方财政总支出增长速度由5.1%增加到13.1%，自治区财政支出占GDP比重在1994~1997年也稳定上涨，到1997年占GDP比重为12.39%，比1995年的11.92%增加了0.47%（见表3-2）。

表3-2 1994~1997年内蒙古自治区地方财政支出总额及增长速度　　　　　　　　　　单位：亿元，%

年份	地方财政总支出	地方财政总支出增长速度	占GDP比重
1994	92.82	5.1	13.35
1995	102.18	10.1	11.92
1996	126.38	23.7	12.35
1997	142.91	13.1	12.39

资料来源：《内蒙古财政年鉴》。

三、1994~1997年财政支出结构

（一）加强企业技术改造支出

1994~1997年，财政支出的重点在于积极支持企业改革和发展（见表3-3）。一是加大对企业技术改造投入，积极落实对国有企业的增资减债政策。1994~1997年，财政用于技术改造支出每年在7亿元以上，占地方财政总支出的总支出

---

① 张华. 内蒙古财政发展70年[M]. 内蒙古大学出版社，2017.

比重依次为 10.74%、8.63%、5.22% 和 5.09%。为减轻国有企业的债务负担，将拨改贷资金的 70% 转为国家资本金。二是自治区在实行增资减债政策的同时，制定了一系列税收优惠政策，增强财政支出效果。通过对优化资本结构试点城市国有企业返还 15% 所得税，增补企业流动资金；对乡镇企业、福利和校办企业、文化宣传企业、粮食企业、劳改和劳教企业等行业实行税收减免、先征后返的优惠政策。1997 年全区减免退增值税 2 亿元。三是加大财政对于特困企业"解困"、下岗职工再就业和城市居民最低生活保障支出，建立扶困基金和社会保障基金，1997 年全区社会保障支出 3 亿元，推进企业改革平稳施行。

（二）科教文卫支出

从科教文卫支出来看，在 1994～1997 年，自治区财政支出不断上升，从 1994 年的 25.28 亿元，增加到 1997 年的 34.17 亿元，增加了 8.89 亿元（见表 3-3）。一是科技贡献率提高。1997 年，全区各类专业技术人员达到 47 万人，占总人口额 2.1%，超过全国平均水平；登记重大科技科技成果 2001 项，成果转化率达到 30% 以上。二是基础教育稳步发展。1997 年全区"普九"旗县市区达到 35 个，普及人口覆盖率 27.4%。职业技术教育在校人数占高中阶段在校人数比例由 1992 年的 44.3% 增长到 1997 年的 47.9%。三是文化、卫生、体育等各项社会事业长足发展。1997 年广播电视人口混合覆盖率达到 78%，计划生育率达到 94%，较 1992 年人口出生率和自然增长率分别由 17.07% 和 10.34% 下降到 15.21% 和 8.25%。

表 3-3　1994～1997 年内蒙古自治区财政支出分类情况　　单位：亿元

年份	地方财政支出	基本建设支出	技术改造支出	科教文卫支出	城市维护支出	社会保障补助支出	抚恤救济支出
1994	92.82	5.76	9.97	25.28	4.43	—	1.97
1995	102.18	5.62	8.82	27.66	4.64	0.08	2.17
1996	126.38	7.56	6.6	26.16	5.73	0.09	3.33
1997	142.91	9.11	7.27	34.17	6.42	0.3	3.19

资料来源：《内蒙古财政年鉴》。

第三节 公共财政框架下的内蒙古自治区财政支出状况（1998~2006年）

分税制改革后，中央和地方的财政收支进行了重大调整，地方财政支出的范围和结构发生了很大的变化。1994年的分税制财政体制改革基本上确立了中央与地方之间规范的事权与财力划分关系；随着中国特色社会主义市场经济体制的逐步发展与完善，1998年末财税体制改革集中于以支出管理改革为重心的公共财政框架体系的构建；2000年开始部门预算改革；2001年"收支两条线"改革进一步深化，国库管理制度配套改革；2003年政府采购制度全面实施。

一、财政支出规模不断上升

1998~2006年，随着地方财政收入的逐年增加，中央财政支持力度的加大，如表3-4所示，内蒙古自治区的财政支出规模不断上涨，从1998年的181.76亿元上涨到了2006年的914.97亿元，增加了4.03倍，年均增速达22.75%，自治区财政支出占GDP比重在1998~2006年也稳定上涨，到2006年占GDP比重为18.5%，比1998年的14.4%增加了4.1%。再与全国地方财政支出水平相比，1998年自治区地方财政支出占全国水平为2.2%，到2006年上升到3.0%（见表3-4）。

表3-4 1998-2006年内蒙古自治区财政支出增长变化情况

年份	财政支出（亿元）	增长速度	GDP（亿元）	财政支出占GDP比重	全国地方财政支出（亿元）	财政支出占全国财政支出比重
1998	181.76	27.2%	1262.54	14.4%	8249.00	2.2%
1999	212.84	17.1%	1379.31	15.4%	9637.00	2.2%
2000	261.06	22.7%	1539.12	17.0%	10963.29	2.4%
2001	335.98	28.7%	1713.81	19.6%	13683.00	2.5%
2002	413.33	23.0%	1940.94	21.3%	15886.00	2.6%
2003	471.09	14.0%	2388.38	19.7%	17800.00	2.6%
2004	602.75	27.9%	3041.07	19.8%	21070.59	2.9%
2005	734.60	21.9%	3905.03	18.8%	25646.24	2.9%
2006	914.97	24.6%	4944.25	18.5%	31004.14	3.0%

资料来源：《内蒙古统计年鉴》。

第三章　改革开放40年内蒙古自治区财政支出分析

从自治区财政支出增速来看，在1998～2006年整体有所下降，从1998年的27.2%下降到2006年的24.6%，下降了2.6%。2001年、2003年、2005年前后财政支出增速波动比较大，在此之后，逐渐下降。与财政收入增速相比，自治区财政支出平均增长22.75%，财政收入平均增长24.7%。在2007年之后，自治区财政收入增速逐年下降，与财政支出增速整体走势相似（见图3-1）。

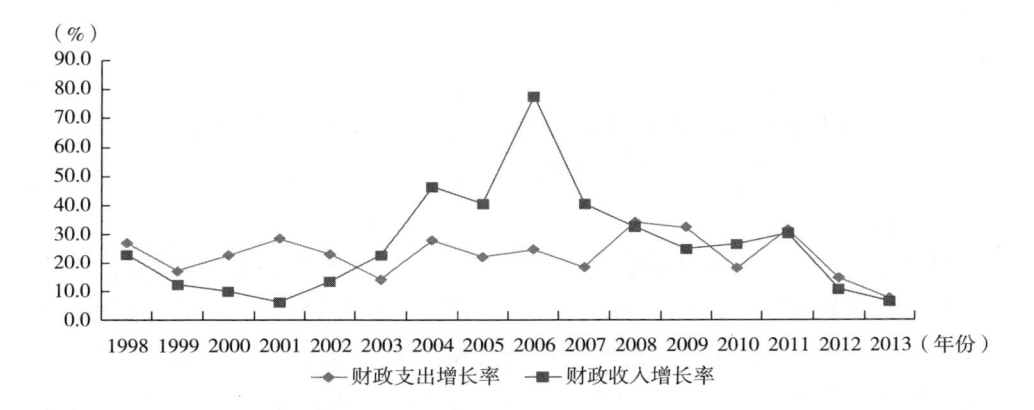

图3-1　1998～2013年内蒙古自治区财政支出与财政收入增长率

资料来源：《内蒙古统计年鉴》。

二、财政支出结构不断优化

1998～2006年，自治区不断加大公共财政领域支出，教育支出、科技支出、社会保障和就业支出都有所提升，其中社会保障和就业支出增长速度最快，从1998年的4.73亿元，增长到2006年的40.12亿元，增长了7.48倍。科技支出从1998年的14.3亿元，增长到2006年的24.0亿元，增长了67.83%。

表3-5　1998～2006年内蒙古自治区公共财政支出结构变化　　　　　单位：亿元，%

项目名称	1998年		2006年	
	规模	占比	规模	占比
教育	24.22	13.3	95.03	10.4
科学技术	14.31	7.9	24.01	2.62

续表

项目名称	1998 年		2006 年	
	规模	占比	规模	占比
社会保障和就业	4.73	2.6	40.12	4.39
农林水事务	17.12	9.42	87.67	9.58

资料来源：《内蒙古统计年鉴》。

第四节 以民生财政为重点的内蒙古自治区财政支出（2007~2013 年）

2007 年以来，内蒙古自治区较好地贯彻了中央"守住底线、突出重点、完善制度、引导舆论"的要求，把加大投入与完善制度相结合，增强民生政策的公平性和可持续性。认真落实农村牧区社会发展"十个全覆盖"政策，促进城乡基本公共服务均等化。另外，2007 年政府收支分类科目的改革，导致财政支出分类标准和管理发生重大变化，2007 年以后自治区公共服务支出需求快速增长，财政支出结构不断调整优化，以改善民生为重点，加快财政公共服务均等化。根据公共财政的需求，自治区财政支出从"吃饭财政"向公共财政进而向民生财政转变。内蒙古自治区连续 7 年实施民生工程，全区民生支出从 2007 年的 618 亿元增加到 2013 年的 2340 亿元，年均递增 24.8%，民生投入占财政支出的比重由 57% 增加到 64%，其中用于就业、教育、卫生、文化、社保、住房（不包括节能环保、农林水事务、交通运输）等方面的小口径民生支出也在不断增加，财政支出规模从 2007 年的 377.17 亿元增加到了 2013 年的 1401 亿元，增加了 4 倍，占比由 34.8% 增加到 38.02%，增加了近 4 个百分点，有力地促进了自治区民生和社会事业发展。仅在扶贫攻坚工程上，就编制完成 23 个行业、38 个贫困旗县扶贫开发规划，扶贫投入超过 100 亿元，实施扶贫开发项目 961 个，40.8 万贫困人口稳定脱贫，贫困发生率由 17.8% 下降到 14.9%，贫困人口人均纯收入增长 16% 以上。

一、地方财政支出规模不断上升

2007~2013 年，内蒙古自治区的财政支出规模不断上涨，从 2007 年的

1082.3 亿元上涨到了 2013 年的 3686.5 亿元，增加了 2.4 倍。自治区财政支出占 GDP 比重也稳定上涨，到 2013 年占 GDP 比重为 21.9%，比 2007 年的 16.8% 增加了 5.1%。再与全国地方财政支出水平相比，2007 年自治区财政支出占全国水平为 2.8%，到 2013 年上升到 3.1%。

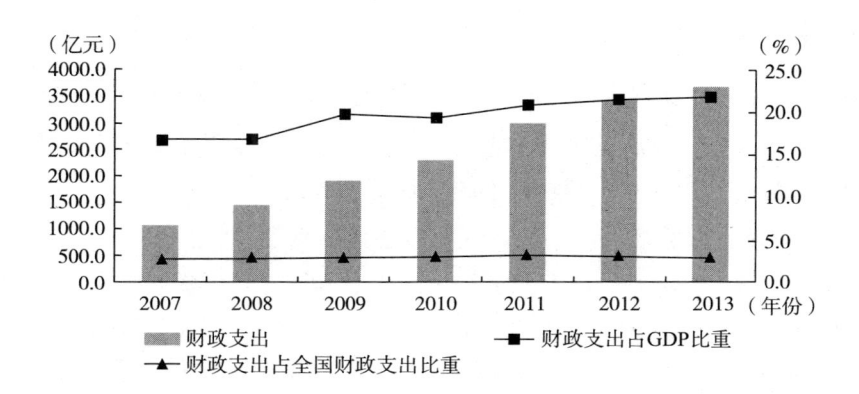

图 3-2　2007～2013 年内蒙古自治区财政支出占 GDP 和全国比重

资料来源：《内蒙古统计年鉴》。

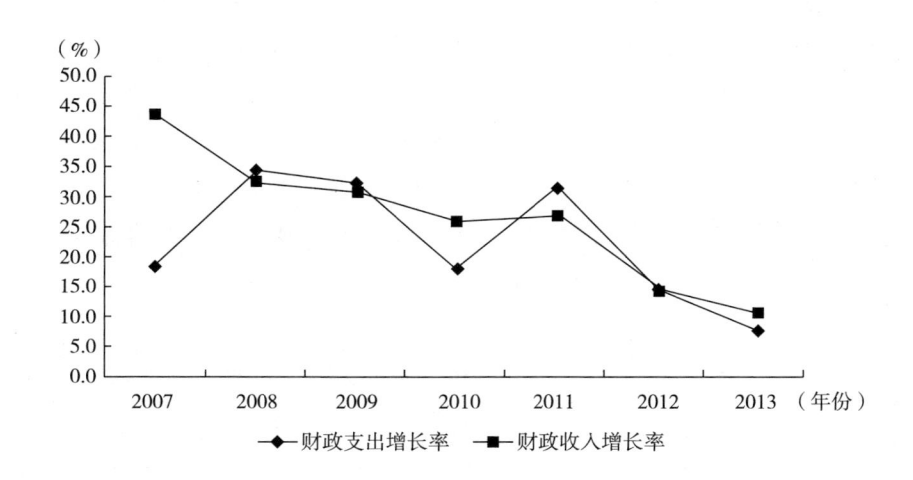

图 3-3　2007～2013 年内蒙古自治区财政支出与财政收入增长率

资料来源：《内蒙古统计年鉴》。

从自治区财政支出增速来看，在 2007～2013 年整体有所下降，从 2007 年的

18.3%，下降到 2013 年的 7.6%，下降了 10.7 个百分点。2011 年之前财政支出增速波动比较大，在此之后，逐渐下降。与财政收入增速相比，自治区财政支出平均增长 22.4%，财政收入平均增长 26.3%。在 2007 年之后，自治区财政收入增速逐年下降，与财政支出增速整体走势相似。

二、财政支出结构不断优化

2007~2013 年，自治区各项财政支出不断上升，增长最快的是交通运输支出，增长了 5.1 倍，然后是医疗卫生支出，在过去的七年里增长了 3.5 倍。增长最少的是一般公共服务支出，在这期间增长率为 74.2%。

（一）财政支出分项结构（财政支出占总支出比重）

从 2007~2013 年财政支出分项结构上看，各项支出在总支出中的比例逐年调整与优化。占比上升的财政支出有科学技术、医疗卫生、城乡社区事务、农林水事务和交通运输支出，其余都有所下降。一般公共服务支出占公共预算支出比例由 17.9% 下降到 9.2%，下降了近 9 个百分点，公共安全下降了 0.85 个百分点，教育占比下降了 1.8 个百分点，科学技术支出占比相对较小，但近年略有下降趋势，社会保障就业占比与 2007 年相比较，2011 年下降为 12.18%，2013 年这一占比又有所提升，粮油物资储备事务下降了 1.72 个百分点；这一期间，用于国防、文化体育传媒、资源勘探电力信息等事务、金融监管等事务、住房保障等几项支出占比波动幅度较小，分别维持在 0.15%、2.5%、3.0%、0.1% 和 4.7% 左右；同期，用于医疗卫生、城乡社区事务、农林水事务、交通运输、国债还本付息 5 项支出在公共预算支出中的比重有明显增加，占比分别增加了 1.32%、1.76%、2.63%、3.53% 和 0.39%。

表 3-6　2007~2013 年内蒙古自治区财政支出结构　　单位：亿元,%

支出项目		2007 年	2008 年	2009 年	2010 年	2011 年	2012 年	2013 年
一般公共服务	绝对值	194.0	243.4	295.2	254.5	304.5	341.8	338.1
	占支出比重	17.9	16.7	15.3	11.2	10.2	10.0	9.2
教育	绝对值	153.6	206.4	243.5	322.1	390.7	440.0	456.9
	占支出比重	14.2	14.2	12.6	14.2	13.1	12.8	12.4

第三章 改革开放40年内蒙古自治区财政支出分析

续表

支出项目		2007年	2008年	2009年	2010年	2011年	2012年	2013年
科学技术	绝对值	9.2	15.4	18.1	21.4	28.2	27.6	31.6
	占支出比重	0.9	1.1	0.9	0.9	0.9	0.8	0.9
文化体育与传媒	绝对值	27.7	31.6	47.3	53.0	68.8	87.2	88.0
	占支出比重	2.6	2.2	2.5	2.3	2.3	2.5	2.4
社会保障和就业	绝对值	152.0	191.5	275.0	292.4	364.0	435.5	491.0
	占支出比重	14.0	13.2	14.3	12.9	12.2	12.7	13.3
医疗卫生	绝对值	43.9	59.8	102.9	120.7	164.6	177.9	196.0
	占支出比重	4.1	4.1	5.3	5.3	5.5	5.2	5.3
节能环保	绝对值	61.0	79.7	97.9	108.0	117.6	131.6	132.1
	占支出比重	5.6	5.5	5.1	4.7	3.9	3.8	3.6
城乡社区事务	绝对值	121.9	170.4	210.0	237.7	301.4	363.2	480.2
	占支出比重	11.3	11.7	10.9	10.5	10.1	10.6	13.0
农林水事务	绝对值	108.5	160.7	222.4	281.0	391.7	450.8	466.6
	占支出比重	10.0	11.0	11.5	12.4	13.1	13.2	12.7
交通运输	绝对值	48.5	49.3	132.9	121.1	281.5	301.2	295.2
	占支出比重	4.5	3.4	6.9	5.3	9.4	8.8	8.0

资料来源：根据2007~2013年《中国财政年鉴》、国家统计局网站数据整理。

从各项支出平均占比来看，教育支出、社会保障和就业、一般公共服务、农林水事务、城乡社区事务依次为13.36%、13.22%、12.93%、11.98%和11.15%；而科学技术、国防、金融监管等事务、国债还本付息等几项支出占比较小，均小于1%。内蒙古自治区用于社会保障和就业、医疗卫生及教育三大社会福利性支出占财政支出的比重为31.6%（见图3-4）。

（二）各项财政支出增长速度对比

从内蒙古自治区各项财政支出的增速上看，每年各项支出变化较大，如表3-7所示。以2013年为例，一般公共服务、外交、国防、交通运输、商业服务业等事务、援助其他地区支出、金融监管等事务支出、粮油物资储备事务8项支出呈现负增长，即2013年各项支出安排规模低于2012年；科学技术、医疗卫生、城乡社区事务、国土资源气象等事务4项支出与2012年增速相比，分别增加了16.76、2.09、11.69和7.23个百分点；其他各项支出与2012年相比，总规

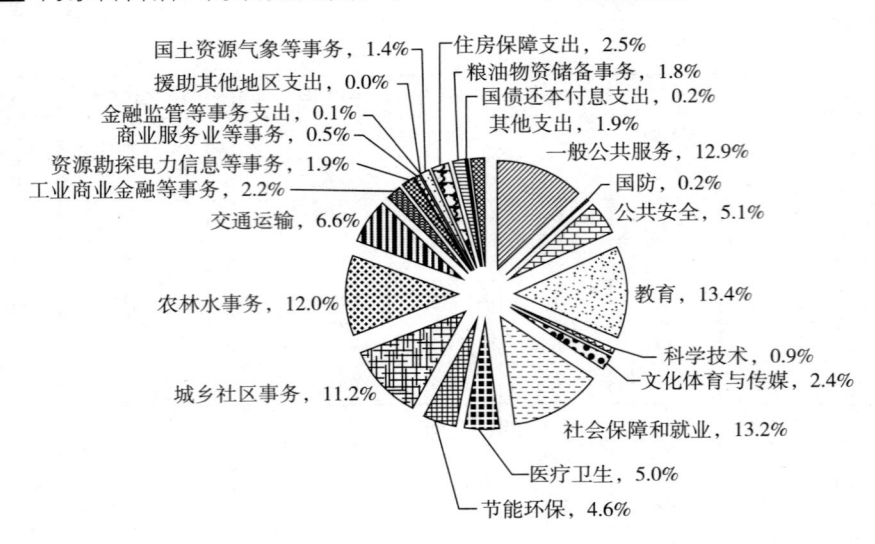

图 3-4　2007~2013 年内蒙古自治区公共财政预算平均支出分项结构

资料来源：根据 2008~2013 年《中国财政年鉴》、国家统计局网站及内蒙古财税部门调研数据整理。

模是增加的，但其增速有不同程度的减缓，其中公共安全、教育、文化体育与传媒、社会保障和就业及住房保障支出等几项增速减缓的比例分别为 17.44%、8.77%、25.82%、6.89% 和 14.59%。

表 3-7　2008~2013 年内蒙古自治区各项财政支出分项增长速度　　单位:%

预算科目	2008 年	2009 年	2010 年	2011 年	2012 年	2013 年
一般公共服务	25.44	21.30	-13.78	19.64	12.25	-1.09
外交	195.00	-41.81	86.89	50.13	71.28	-48.69
国防	17.32	104.83	19.08	14.86	38.88	-15.08
公共安全	25.63	26.76	24.30	21.12	18.83	1.39
教育	34.40	17.96	32.29	21.29	12.61	3.84
科学技术	66.58	17.59	18.43	31.87	-2.16	14.60
文化体育与传媒	14.12	49.67	11.89	29.88	26.79	0.97
社会保障和就业	25.98	43.58	6.35	24.46	19.64	12.75
医疗卫生	36.37	72.08	17.27	36.35	8.09	10.18
节能环保	29.08	22.86	10.31	8.86	11.94	0.40
城乡社区事务	39.78	23.23	13.20	26.77	20.52	32.21

续表

预算科目	2008年	2009年	2010年	2011年	2012年	2013年
农林水事务	48.10	38.35	26.37	39.38	15.10	3.49
交通运输	1.68	169.52	-8.91	132.53	7.02	-2.00
资源勘探电力信息等事务	—	—	-2.41	23.83	25.09	23.00
商业服务业等事务	—	—	—	20.39	16.00	-9.62
金融监管等事务支出	75.81	-100.00	-44.75	76.27	-24.30	-25.13
援助其他地区支出	—	—	—	—	—	-47.43
国土资源气象等事务	—	—	—	-3.29	4.27	11.50
住房保障支出	—	—	—	67.64	17.44	2.85
粮油物资储备事务	—	—	—	-2.89	29.08	-1.02
国债还本付息支出	—	—	120.93	146.76	36.21	28.89
其他支出	54.85	2.84	-20.55	26.27	-17.37	23.28
本年支出合计	34.40	32.47	17.99	31.48	14.61	7.60

资料来源：根据《中国财政年鉴》、国家统计局网站数据整理。

总之，根据上述数据分析可知，在内蒙古自治区财政支出规模不断增加、增速明显减缓，财政支出结构不断优化。

（三）财政支出层级结构

旗县公共财政支出占比较高，事权责任重大。如图3-5所示，内蒙古自治区财政支出在四级地方政府间的构成情况表明，旗县级支出比重最大，依次为盟市级和自治区本级，乡级比重最小[①]。

（四）财政支出地区结构

2013年，内蒙古自治区财政支出总量为3686.52亿元，其中自治区本级576.36亿元，占比为15.64%，盟市合计3110.15亿元，占比为84.37%。与公共财政预算收入的地区差异相比，支出的地区差异较小，由图3-6可知，鄂尔多斯市占比18%，包头市占地11%，呼和浩特市占地9%，兴安盟占比最小为5%，而同期鄂尔多斯市、包头市、呼和浩特市、兴安盟占盟市公共财政预算收入比重分别为32%、15%、13%和1%。

---

① 侯岩. "十三五"时期内蒙古财税体制改革研究［M］. 北京：中国财政经济出版社，2015.

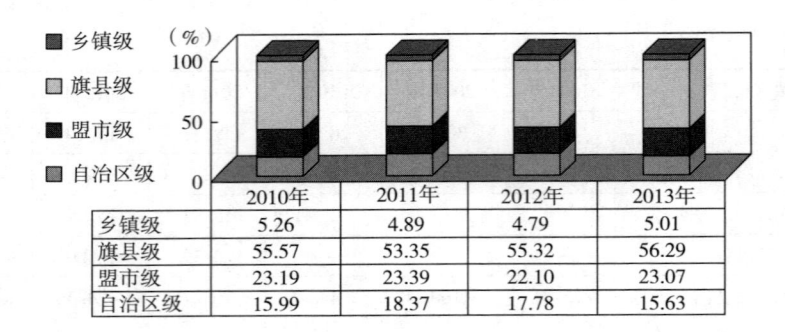

	2010年	2011年	2012年	2013年
乡镇级	5.26	4.89	4.79	5.01
旗县级	55.57	53.35	55.32	56.29
盟市级	23.19	23.39	22.10	23.07
自治区级	15.99	18.37	17.78	15.63

图 3-5　2010~2013 内蒙古自治区财政支出政府层级分项结构

资料来源：由 2007~2013 年《中国财政年鉴》、中国统计局网站及内蒙古财税部门调研数据整理。

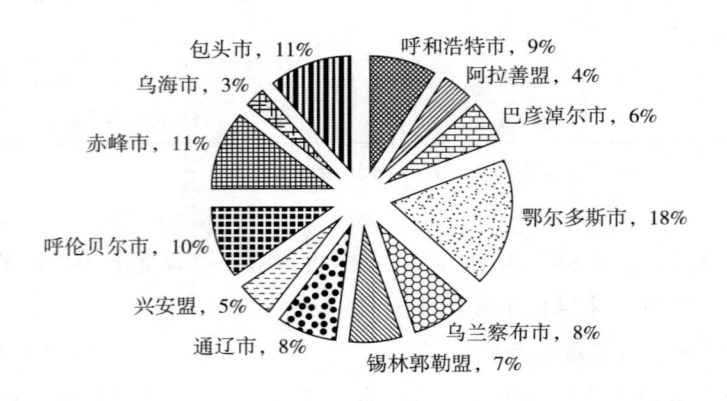

包头市，11%　呼和浩特市，9%
乌海市，3%　阿拉善盟，4%
赤峰市，11%　巴彦淖尔市，6%
呼伦贝尔市，10%　鄂尔多斯市，18%
兴安盟，5%　乌兰察布市，8%
通辽市，8%　锡林郭勒盟，7%

图 3-6　内蒙古自治区财政支出地区结构

资料来源：根据国家财政部网站和内蒙古自治区财政厅网站及笔者从内蒙古财税部门调研取得。

三、内蒙古自治区民生财政支出情况

内蒙古自治区各级财政部门充分发挥财政职能作用，把改革发展与民生改善相结合，加大民生财政投入与完善制度相结合，增强民生政策的公平性和可持续性，让改革与发展的成果更多地惠及全区各族人民。

（一）内蒙古自治区民生财政支出规模

近年来，内蒙古自治区财政支出明显向民生领域倾斜，加大了对民生领域的投入力度，主要用于教育、卫生、就业、社会保障、文化体育方面，共享社会主义发展成果。

第三章 改革开放40年内蒙古自治区财政支出分析

表3-8 2004~2013年内蒙古自治区生产总值、财政支出及民生财政支出状况

单位：亿元，%

年份	2004	2005	2006	2007	2008	2009	2010	2011	2012	2013
地区生产总值	3041.07	3905.03	4944.25	6423.18	8496.20	9740.25	11672.00	14359.88	15880.58	16832.38
财政支出	602.75	734.61	914.97	1082.31	1454.57	1926.84	2273.50	2989.21	3425.99	3686.52
教育支出	66.22	78.66	110.9	153.57	206.4	243.48	322.11	390.69	439.97	456.87
医疗支出	17.47	20.88	30.47	43.87	59.82	102.94	120.72	164.59	177.91	196.03
社会保障与就业支出	41.82	32.46	113.6	152.02	191.52	274.97	292.44	363.97	435.47	491.01
文化体育传媒支出	12.78	14.9	21.89	27.71	31.62	47.33	52.96	68.78	87.21	88.04
保障房支出	—	—	—	—	—	—	83.72	83.72	164.83	169.54
民生支出合计	138.29	146.9	276.86	377.17	489.36	668.72	871.95	1071.75	1305.39	1401.49
民生支出/财政支出	22.94	20.00	30.26	34.85	33.64	34.71	38.35	35.85	38.10	38.02

资料来源：根据《内蒙古财政年鉴》和内蒙古自治区财政厅、内蒙古自治区社会保险事业管理局调研数据整理得出。

2004~2013年，内蒙古自治区生产总值呈现快速增长状态，由2004年的3041.07亿元增至2013年的16832.38亿元，增长4.54倍。财政支出由602.75亿元增至3686.52亿元，增长5.12倍。民生财政支出增加更为迅速，如表3-9所示，全区民生财政支出由2004年的138.29亿元增至2013年的1401.49亿元，增长9.13倍，年均增长率100%，占公共财政预算支出的比例由22.94%上升至38.02%。

（二）内蒙古自治区民生财政支出结构

1. 内蒙古自治区教育支出情况

内蒙古自治区近年来加大对教育的支持力度，支持教育事业优先、均衡和多元发展。在2007~2013年，内蒙古自治区教育支出逐年上涨，从2007年的153.6亿元增长到2013年的456.9亿元，增长了2倍。自治区教育支出占地方教育总量支出的比重在此期间也有所上涨，到2013年为3.6%，比2007年的2.4%增长了1.2%，在2011年达到最高点，为3.9%。从政策上，以奖补方式鼓励社会力量举办学前教育，支持农村牧区幼儿园建设；提高义务教育经费保障水平，

改善农村牧区义务教育薄弱学校办学条件；继续落实高中阶段"两免"政策和寄宿生生活费补助政策；支持职业教育基础能力建设，提高高校生均拨款标准，完善研究生教育投入机制；落实覆盖各教育阶段的国家资助政策。妥善解决国有企业职教幼教退休教师待遇等问题。

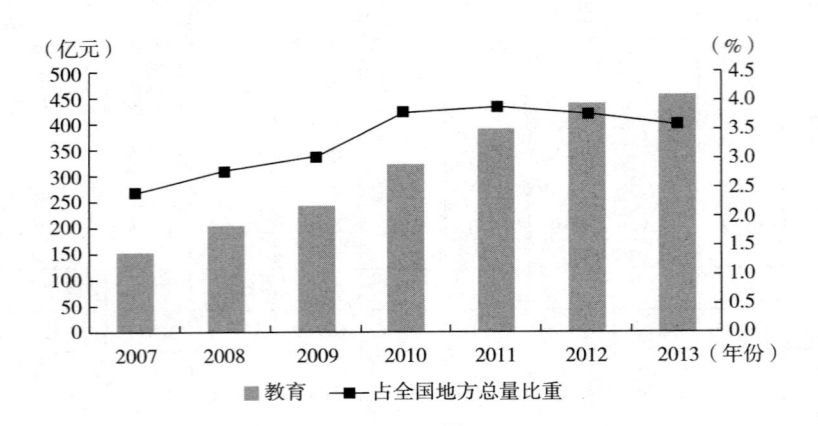

图 3-7　2007～2013 年内蒙古自治区教育支出

资料来源：根据《内蒙古财政年鉴》和内蒙古自治区财政厅调研数据整理得出。

如表 3-9 所示，内蒙古自治区财政性教育经费占 GDP 的比重在 2.0%～2.8%呈现稳步增长的趋势，随着内蒙古自治区经济飞速增长的同时，教育经费的投入不断增加。但是，2012 年，公共教育支出占全区 GDP 的比重最高值仅为 2.77%，低于国家提出的 4%水平。从绝对规模上看，财政对教育经费的投入总量仍不够大，支出规模有待进一步提升。

表 3-9　2007～2013 年内蒙古自治区财政性教育支出/地区生产总值状况

单位：亿元,%

年份	2007	2008	2009	2010	2011	2012	2013
教育支出	153.57	206.4	243.48	322.11	390.69	439.97	456.87
地区生产总值	6423.18	8496.20	9740.25	11672.00	14359.88	15880.58	16832.38
教育支出/地区生产总值	2.39	2.43	2.50	2.76	2.72	2.77	2.71

资料来源：根据《内蒙古财政年鉴》和内蒙古自治区财政厅调研数据整理得出。

2. 内蒙古自治区医疗卫生支出情况

2007年以来，内蒙古自治区不断加快推进基本医疗保障制度建设，落实补助资金，统筹解决城乡各类人员医疗保障问题。巩固和完善新型农村牧区合作医疗制度，在此基础上，建立完善城镇居民基本医疗保险制度，同时将在校大学生全部纳入城镇居民医疗保险范围以及全面解决关闭破产国有企业退休人员医疗保障问题。继续完善城乡医疗救助制度，支持健全基层医疗卫生服务体系，下拨补助资金支持基层医疗卫生机构设备购置、人员培训和人才培养，以提高医疗服务能力和水平。实施基本药物制度和基层医疗卫生体制综合改革，加大对食品安全监管力度。进一步促进基本公共卫生服务逐步均等化，建立健全城乡基本公共卫生服务经费保障机制。

如表3-10所示，2007~2013年，内蒙古自治区卫生医疗支出逐年增长，由43.87亿元增至196.03亿元，增长3.47倍。内蒙古自治区人均卫生医疗支出由180.62元增至784.87元，增长3.35倍。2007~2008年略低于全国平均水平，2009年人均卫生医疗支出高于全国水平10%以上。从增速来看，在2007~2013年，波动较大，从2007年的44%下降到2013年的10%。与全国平均水平相比，在此期间，内蒙古自治区医疗卫生支出相对全国平均水平比有所差距，从2007年的19.2亿元增长到2013年的68.6亿元（见图3-8）。

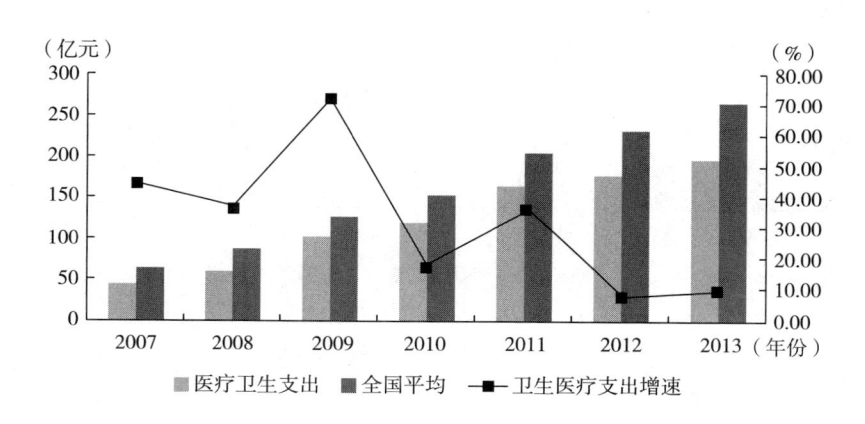

图3-8　2007~2013年内蒙古自治区医疗卫生支出

资料来源：《内蒙古统计年鉴》。

表 3-10 2007~2013 年全国及内蒙古自治区人均医疗卫生支出状况

年份	2007	2008	2009	2010	2011	2012	2013
医疗支出（亿元）	43.87	59.82	102.94	120.72	164.59	177.91	196.03
内蒙古人均卫生医疗支出（元）	180.62	244.73	418.76	488.31	663.21	714.53	784.87
全国人均卫生医疗支出（元）	195.38	270.62	360.91	427.51	553.99	622.73	701.53

资料来源：根据《内蒙古统计年鉴》和《中国统计年鉴》数据计算整理所得。

3. 社会保障与就业支出状况

经过不断的改革和完善，内蒙古自治区的社会保障体系日臻完善，目前已经形成了以养老保险、医疗保险、失业保险、工伤保险、生育保险为主要内容的社会保险制度。以城镇居民最低生活保障制度、农村牧区居民最低社会保障制度、农村牧区五保供养、医疗救助、贫困大学生救助和灾害救助为主要内容的社会救助制度以社会优抚和安置为主要内容的军人社会保障制度以职业福利、特殊性社会福利和一般性社会福利为主要内容的社会福利制度。

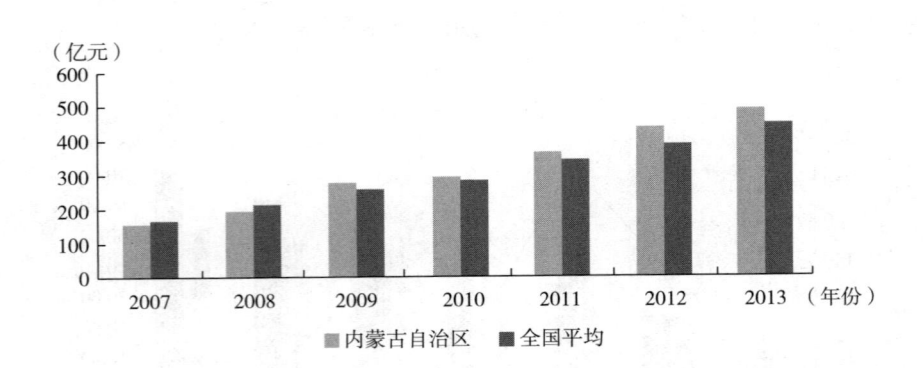

图 3-9 2007~2013 年内蒙古自治区社会保障和就业支出

资料来源：《内蒙古统计年鉴》。

2007~2013 年，内蒙古自治区社会保障与就业支出逐年增长，由 152.02 亿元增至 491.01 亿元，增长 2.23 倍。其中，社会福利支出不断上升，到 2013 年为 11.8 亿元，比 2007 年增长了 8.8 倍。自治区社会保障和就业支出与全国平均水平相比，从2009年开始，自治区的社会保障和就业支出规模高于全国平均水平，到2013年，高于全国平均水平44.2亿元。社会保障与就业支出占财政支出的比重由2007年的14.05%提高至2009年的14.27%，2013年，全区社会保障和就业支出491.01亿元，比2012年增长12.8%。2013年内蒙古自治区基本社会保障与就业支出增长率低于同期的全国平均水平，对基本社会保障的支持及投入力度有待于进一步加强。

表3-11 2004~2013年内蒙古自治区社会保障与
就业支出状况   单位：亿元，%

年份	2004	2005	2006	2007	2008	2009	2010	2011	2012	2013
社会保障与就业支出	41.82	32.46	113.6	152.02	191.52	274.97	292.44	363.97	435.47	491.01
财政支出	602.7	734.6	914.9	1082.3	1454.6	1926.8	2273.5	2989.2	3426.0	3686.5
社会保障与就业支出占比	6.94	4.42	12.42	14.05	13.17	14.27	12.86	12.18	12.71	13.32

资料来源：根据《内蒙古统计年鉴》和《内蒙古财政年鉴》数据计算整理得出。

4. 文化体育传媒支出状况

为推动文化事业和文化产业发展，内蒙古自治区逐年增加文化体育传媒支出，继续支持广播电视节目无线覆盖等重点文化惠民工程。全面推进公益性文化设施免费开放。积极支持自治区直属文艺院团、国有文化企业改革。扶持文化旅游、动漫生产等文化产业项目50多个。支持全民健身运动、竞技体育发展。从文化体育与传媒来看，在2007~2013年，内蒙古自治区社会文化体育传媒支出由12.87亿元增至88.04亿元，增长5.84倍。文化体育传媒支出虽然呈现增长态势，但内蒙古自治区社会文化体育传媒支出缺乏稳定的财政投入机制，支出规模和增速波动性较大，2009年同比增速为49.68%，而2013年同比增速仅为0.95%。从全国总量水平角度来看，自治区文化体育与传媒支出占全国地方文化体育与传媒支出总量比重，在2007~2013年，一直处于较稳定的水平。从2007年的3.6%增长到2013年的3.8%，并且，在此期间，平均占全国地方总量比重为3.8%。

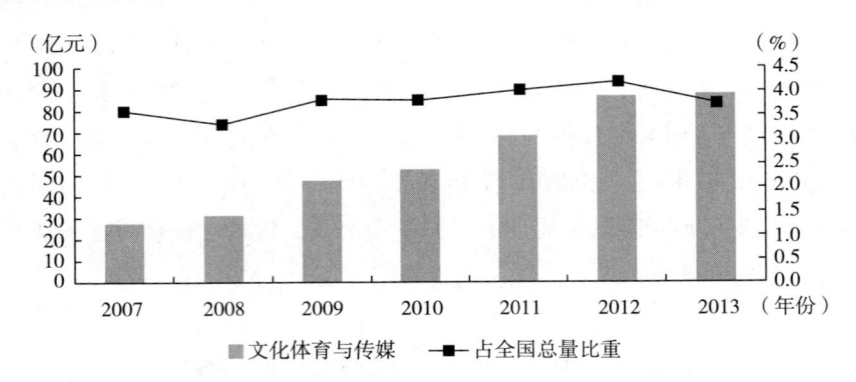

图 3-10　2007~2013 年内蒙古自治区文化体育与传媒支出

资料来源：《内蒙古统计年鉴》。

表 3-12　2007~2013 年内蒙古自治区文化体育
传媒支出情况　　　　　　　　　单位：亿元，%

年份	2007	2008	2009	2010	2011	2012	2013
文化体育传媒支出	27.71	31.62	47.33	52.96	68.78	87.21	88.04
增速	26.59	14.11	49.68	11.90	29.87	26.80	0.95
占财政支出的比例	2.56	2.17	2.46	2.33	2.30	2.55	2.39

资料来源：根据《内蒙古统计年鉴》和《内蒙古财政年鉴》数据整理得出。

第五节　推进改革发展新跨越的内蒙古自治区财政支出状况（2014~2018 年）

党的十八届三中全会以来，按照国家顶层设计，结合自治区实际，围绕预算管理、税收制度、事权与支出责任三大要点，推进国家治理体系和治理能力现代化，将财税工作的重心转向重视支出结构调整和支出绩效提高。使财政支出的规模、结构和效率围绕公共服务的有效和公平公正供给展开。2014 年实行全口径预算，一般公共预算、政府性基金预算、国有资本经营预算、社会保险基金预算完整、独立。2018 年是贯彻党的十九大精神的开局之年，是改革开放 40 周年，是决胜全面建成小康社会、实施"十三五"规划承上启下的关键一年。从 2014~

2018年自治区一般公共预算支出总体来看,呈现总量稳步增长,支出结构持续优化的趋势。内蒙古自治区各级财政部门认真贯彻党的十九大和全国"两会"特别是习近平总书记参加内蒙古自治区代表团审议时重要讲话精神,全面落实内蒙古自治区党委十届五次、六次全会部署和《政府工作报告》要求,聚力增效积极财政政策,助力供给侧结构性改革,支持打好"三大攻坚战",积极主动化解政府债务,集中保障重点领域支出,财政运行总体保持平稳。财政支出向民生、"三大攻坚战"等重点领域倾斜,压缩"三公经费"等一般性支出成效明显。

一、2014~2018年一般公共预算支出规模

2014~2018年,内蒙古自治区一般公共预算支出规模呈现稳步增长,从2014年的3884.2亿元增长到2017年的4523.1亿元,增长16.45%,年均增速稳定在7%左右。2018年全区一般公共预算支出预计为4850亿元,预计增长7%以上。财力向民生、"三大攻坚"等重点领域倾斜,有力地促进了经济社会平稳健康发展。上半年,内蒙古自治区一般公共预算支出2116.1亿元,其中民生支出1454.4亿元,占一般公共预算支出的68.7%,高于2017年同期5.4个百分点。

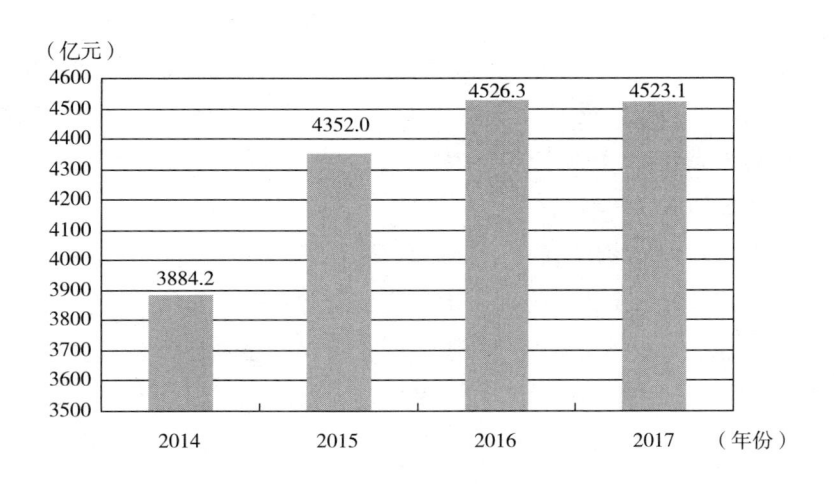

图3-11 2014~2017年内蒙古自治区一般公共预算支出

二、2014~2018年一般公共预算支出结构

2014~2018年,从内蒙古自治区一般公共预算支出结构来看,各项公共预算支出稳步增长,支出的重点领域在教育、社会保障和就业、城乡社区和农林水事务,其占比合计60%以上。2018年上半年,"三公"经费同比下降13.8%,会议费、培训费分别下降8.5%和10.1%。上半年,自治区本级"三公"经费同比下降18.2%。财政支出全力支持打好"三大攻坚战"。2018年1~6月,扶贫支出54.4亿元,比2017年同期增加22.1亿元,增长68.6%。污染防治支出11.7亿元,比2017年同期增加2.5亿元,增长26.6%。通过发行地方政府置换债券、压缩一般性支出、对盟市化解政府债务进行奖补等综合措施,有效推进盟市旗县化解政府债务工作。

2017年,内蒙古自治区坚持问题导向,完善体制机制,加强收支管理,提高资金使用绩效,财政管理和改革工作取得了积极进展。

一是落实积极财政政策,促进经济稳定增长。适度扩大财政支出规模。克服收入下降、增收困难局面,积极争取中央转移支付,全面盘活存量资金,大力推进财政资金统筹使用。2017年一般公共预算支出完成4523.1亿元,支出进度比2016年提高1个百分点,其中本级提高12个百分点。发行新增地方政府债券394.4亿元,支持城乡基础设施建设、保障性住房、脱贫攻坚、生态环保等重大公益性项目建设。全区112个政府与社会资本合作(PPP)项目落地实施,政府投资213亿元,带动社会资本投资1210亿元。自治区本级7支政府投资基金注册运营,财政出资30.9亿元,引导社会资本91.7亿元,支持了养老、科技创新、铁路交通等领域45个项目。

二是推进供给侧结构性改革,推动经济转型升级。落实"三去一降一补"重要任务。创新财政资金投入方式,增加基本公共服务、扶贫、生态环保等短板领域投入。支持农牧业供给侧结构性改革。完善以绿色生态为导向的农牧业补贴制度,发放农业支持保护等惠农惠牧补贴资金,推进农业综合开发,加强农田水利基础设施建设,全区水利支出129.7亿元,增长21.7%,夯实农牧业发展基础。

三是全力保障和改善民生。全区民生支出投入力度加大,达到3158.1亿元,增长6.3%,高于一般公共预算支出增幅6.1个百分点,占一般公共预算支出的

69.8%，同比提高4个百分点。全力支持脱贫攻坚。全区扶贫支出121亿元，增长112.9%。支持产业扶贫、易地扶贫搬迁、金融扶贫、教育扶贫、健康扶贫。加强基本民生保障。坚持教育优先，全区教育支出559.4亿元，增加4.4亿元。社会保障水平进一步提高，全区社会保障支出699.7亿元，增长8.9%。城乡居民医疗保险财政补助标准由每人每年420元提高到450元；城乡低保对象财政补助标准月人均分别提高49元和55元；退休人员基本养老金标准月均提高151元。将1.7万户边民生活补助标准由每年每户1000元提高到2000元。调整完善就业创业管理措施，全区就业支出24.3亿元，大力支持大众创业、万众创新，促进重点群体和整体就业形势保持稳定。全区住房保障支出164.4亿元，棚户区改造开工建设22.1万套，完成农村牧区危房改造6.8万户。

三、2018年内蒙古自治区一般公共预算支出安排

自治区财政支出预算统筹兼顾、突出重点，着力支持中央和自治区重大发展战略和重点领域改革，特别是支持打好防范化解重大风险、精准脱贫、污染防治三大攻坚战。同时，注重提高财政支出绩效，坚持精打细算、勤俭节约、效益优先，继续压减一般性支出，提高财政资源配置效率，增强财政可持续性，按照尽力而为、量力而行原则合理确定财政支出标准，严控非急需、非刚性支出。

照上述原则，2018年自治区本级在支持打好"三大攻坚战"方面安排支出115.2亿元，增长137%。按照支出功能分类，重点对本级可用财力869.7亿元安排的支出如下（见表3-13）：

表3-13 2014~2018年内蒙古自治区一般公共预算支出结构

单位：亿元，%

项目名称	2014年		2015年		2016年		2017年		2018年
	规模	占比	规模	占比	规模	占比	规模	占比	本级预算
一般公共服务	297.5	7.7	299.1	7.03	324.7	7.1	—		51.8
公共安全	180.4	4.65	188.4	4.42	222.2	4.8	—		95.1
教育	477.8	12.3	536.5	12.62	555	12.1	559.4		96.2
科学技术	32.9	0.85	35.7	0.84	32.4	0.7	—		16.4
文化体育与传媒	91.9	2.37	95.8	2.25	89.2	1.9	—		25.4

续表

项目名称	2014年		2015年		2016年		2017年		2018年
	规模	占比	规模	占比	规模	占比	规模	占比	本级预算
社会保障和就业	531.8	13.71	605.3	14.2	724	15.8	724	—	116.1
医疗卫生	227.8	5.87	257.1	6.05	284.6	6.2	—	—	34.6
节能环保	142.8	3.68	175.2	4.12	159.4	3.5	142.9	—	11.9
城乡社区事务	540.3	13.93	560.2	13.17	592.3	12.9	—	—	113.6
农林水事务	517.7	13.34	675.6	15.88	729	15.9	—	—	132.4
交通运输	292.7	7.54	292.8	6.88	299.4	6.5	—	—	（包含在城乡事务中）
其他	541.6	13.96	525.8	12.36	577.8	12.6	—	—	94
民生支出	2492	60	2873	66	2979	65.8	3158.1	69.8	

资料来源：根据《内蒙古统计年鉴》和《内蒙古财政年鉴》数据整理得出。

（一）一般公共服务

2018年安排一般公共服务支出51.8亿元，增长2.8%，其中本级支出46亿元，对下专项转移支付5.8亿元。主要用于保障党委、人大、政协、民主党派等依法履职；支持工会、共青团、妇联等群团组织积极发挥桥梁纽带作用；支持开展质量提升行动；继续实施草原英才支持计划；支持三少民族语言文化大数据采集平台建设等民族和宗教事业发展；加强街道社区嘎查村党组织建设；强化公共资源交易管理服务。

（二）公共安全

2018年安排公共安全和国防支出95.1亿元，增长20.5%，其中本级支出91.9亿元，对下专项转移支付3.2亿元。主要用于公安、司法、监狱等经费保障，完善社会治安防控体系，不断提升群众安全感；继续深化司法体制改革，保障法检部门办案业务、装备等经费。支持军队、武警部队应急处突维稳，加强人防建设，推动军民融合深度发展。

（三）教育支出

2018年安排教育支出96.2亿元，增长6.5%，其中本级支出55.7亿元，对下专项转移支付40.5亿元。主要用于实施第三期学前教育三年行动计划；改善义务教育薄弱学校办学条件，继续支持农村牧区寄宿制学校学生宿舍建设；支持普及高中教育攻坚计划；健全职业教育生均拨款制度；完善家庭经济困难学生资助政策体系；继续提高高校生均拨款标准，推进"双一流"高校建设；支持民族教育、特殊教育、民办教育发展。

（四）科技支出

2018年安排科技支出16.4亿元，增长41.4%，其中本级支出13.1亿元，对下专项转移支付3.3亿元。主要用于落实创新驱动发展战略，优化科技经费投入，支持基础研究、前沿技术研究和关键共性技术研究与开发，保障自治区重大科技专项顺利实施；完善科技创新引导支持机制，培育壮大新动能；设立科技成果转化专项资金，落实自治区促进科技成果转化八项措施；支持科普宣传、哲学社会科学研究。

（五）文化体育与传媒支出

2018年安排文化体育与传媒支出25.4亿元，增长14.2%，其中本级支出23.1亿元，对下专项转移支付2.3亿元。主要用于完善公共文化服务体系，深入实施文化惠民工程；促进文化产业发展和文化强区建设；继续实行公益性文化场馆、体育场馆免费、低收费开放；大力支持乌兰牧骑发展，实施文艺精品工程；加强文化遗产保护传承和文物保护利用；支持开展全民健身活动，增加重大赛事奖励经费；支持新闻出版和广播电视事业发展。

（六）社会保障和就业支出、住房保障支出

2018年安排社会保障和就业支出、住房保障支出116.1亿元，增长6.9%，其中本级支出63.3亿元，对下专项转移支付52.8亿元。主要用于城乡居民养老保险基础养老金、城乡最低生活保障和优抚对象抚恤，加强政策统筹协调；加强对特困人员、残疾人等群体的兜底保障，落实高龄老人生活补贴政策。提高公共就业服务能力，支持实施高校毕业生就业创业和基层成长计划，做好农民工、去产能分流职工、城镇就业困难人员等重点群体就业和退役军人安置工作。进一步推进机关事业单位养老保险制度改革。加强保障性住房建设，做好公租房保障工作，支持发展住房租赁市场。

（七）医疗卫生与计划生育支出

2018年安排医疗卫生与计划生育支出34.6亿元，增长4.8%，其中本级支出15.4亿元，对下专项转移支付19.2亿元。主要用于落实政府卫生投入政策，支持实施健康中国战略；巩固破除以药养医成果，实施基本药物制度补助；完善城乡居民基本医疗保险筹资机制,将财政补助标准由每人每年450元提高到490元,并相应提高个人缴费比例;将基本公共卫生服务经费标准由每人每年50元提高到55元;继续实行城乡医疗救助和优抚对象医疗补助,减轻困难群众医疗负担;支持实施蒙医药振兴行动计划。落实计划生育奖励扶助政策。

(八) 节能环保支出

2018年安排节能环保支出11.9亿元,增长67.3%,其中本级支出5.8亿元,对下专项转移支付6.1亿元。主要用于加大大气、水、土壤污染防治投入,加快呼伦湖、乌梁素海、岱海生态环境综合治理;支持退耕还湿、沙化土地治理和修复;实施农村环境综合整治,加强污水、垃圾处理设施建设与维护。支持老旧小区及既有居住建筑节能改造,推广应用新能源汽车;支持钢铁、煤炭行业化解过剩产能,继续鼓励淘汰高污染、高耗能行业落后产能;加强环保监管。

(九) 资源勘探信息、国土海洋气象等支出

2018年安排资源勘探信息、国土海洋气象等支出29.9亿元,增长7.3%,其中本级支出18亿元,对下专项转移支付11.9亿元。主要用于支持推动传统产业绿色化、信息化、智能化改造;促进高端新材料、新能源汽车、清洁能源、生物制药、蒙中医药等产业加快发展;支持重点工业园区改造升级;支持中小企业发展。加强煤炭安全等安全生产监管监察。加强土地、矿产基础性管理,加强地质矿产勘查;支持矿山地质环境治理及地质遗迹保护;保障地震群测群防和气象事业发展。

(十) 金融、商业服务业、粮油物资储备等支出

2018年安排金融、商业服务业、粮油物资储备等支出17.5亿元,同口径增长10.4%,其中本级支出11.6亿元,对下专项转移支付5.9亿元。主要用于加强金融监管,防范金融风险;支持自治区股权交易中心发展。支持提升旅游业文化内涵,推动高质量、高水平发展旅游业;支持现代物流、健康养老、商贸会展等服务业加快发展。

(十一) 农林水支出

2018年安排农林水支出132.4亿元,增长20.8%,其中本级支出25.5亿元,对下专项转移支付106.9亿元。主要用于扶贫支出43.2亿元,增加15.8亿元,增长57.4%,支持发展特色产业扶贫、易地扶贫搬迁、资产收益扶贫、对口

支援扶贫，实行脱贫攻坚以奖代补。落实乡村振兴战略，实施以绿色为导向的农牧业补贴政策；大力支持节水型农牧业；支持盟市、旗县开展划定粮食生产功能区和重要农畜产品保护区，增强绿色农畜产品生产和深加工能力；在河套地区实施"改盐增草（饲）兴牧"试点工程。支持"引绰济辽"等重大水利工程建设。深入推进农村牧区综合改革，支持田园综合体建设，推动农村牧区人居环境整治；支持饮水安全巩固提升工程和偏远农牧区用电升级工程。支持普惠金融发展，完善农牧业保险保费补贴政策。

（十二）城乡社区、交通运输支出

2018年安排城乡社区、交通运输支出113.6亿元，增长29.9%，其中本级支出63.2亿元，对下专项转移支付50.4亿元。主要用于支持城乡"厕所革命"，加强城乡公共设施建设，推进新型城镇化加快发展。增加交通建设资金，加强重点铁路、公路、民航机场、口岸等建设，支持农村牧区"四好"路建设，完善交通基础设施网络体系。

（十三）其他支出

2018年安排其他支出94亿元，增长14.7%，其中本级支出56.5亿元，对下专项转移支付37.5亿元。主要用于对企事业单位补助17亿元，包括蒙东电网同网同价改革补贴12亿元，自治区直属国有企业剥离办社会职能补助5亿元；基本建设投资18亿元；自治区六个重点卫生工程建设资金为2.5亿元；政府债务化解激励资金为26.5亿元。

第六节　内蒙古自治区财政支出展望（2020年）

2020年自治区全面贯彻落实党的十九大精神，将对深化改革、促进发展形成新的强大动力，民生、改革等刚性支出资金需求较大，财政收支矛盾比较突出，预算安排仍将处于紧平衡状态，必须综合施策、统筹安排，确保预算平衡和财政可持续。坚持稳中求进的工作总基调，坚持新发展理念，紧扣社会主要矛盾变化，统筹推进"五位一体"总体布局和协调推进"四个全面"战略布局，坚持以供给侧结构性改革为主线，继续实施积极财政政策，增强财政可持续性；调整优化支出结构，着力支持打好防范化解重大风险、精准脱贫、污染防治攻坚战，坚决守好发展、民生、生态三条底线；完善预算管理制度，全面实施绩效管理；逐步建立权责清晰、财力协调、区域均衡的自治区以下财政关系，促进区域协调发展，推进基本公共服务均等化。落实《中华人民共和国预算法》要求，按时下达各项转移支付；加快预算执行，特别是要高度重视扶贫、保障性安居工程等涉及重点民生领域的资金支出，加强部门联动确保"保工资、保运转、保基本民生"各项资金按时拨付到位，并进一步提高扶贫资金使用绩效；继续定期考核各地区财政支出进度、财政收入质量、盘活财政资金和国库库款情况，保障自治区本级各部门支出进度；加强地方政府债券，特别是新增地方政府债券相关工作[①]。

一、落实积极财政政策，促进经济稳定增长

适度扩大财政支出规模。克服收入下降、增收困难局面，积极争取中央转移支付，全面盘活存量资金，大力推进财政资金统筹使用，支持城乡基础设施建设、保障性住房、脱贫攻坚、生态环保等重大公益性项目建设。规范财政支出管理。大力推进政府购买服务，引入竞争机制，推广PPP模式，吸引和鼓励社会资本参与城市基础设施建设和公共服务投资运营，形成投资主体多元化。清理规范重点支出同财政收支增幅或生产总值挂钩事项，建立健全专项转移支付定期评估和退出机制。

二、支持打好精准脱贫攻坚战

一是向深度贫困地区贫困人口聚焦发力。集中资源、聚集重点，通过财政支持产业扶贫、转移就业等，支持有劳动能力的人口实现脱贫；通过落实救助供养、大病救济、生活兜底等社会保障政策，帮助丧失劳动能力的贫困人口尽快脱贫。预算内基本建设投资、地方政府债券、教育、扶贫等专项资金安排适当向深度贫困地区倾斜。二是增强贫困人口的内生动力。财政扶贫以帮助贫困人口增收为核心，重点支持发展特色产业，探索扩大资产收益扶贫，增加生态管护等公益岗位，促进贫困人口就业，提高脱贫质量。坚持扶贫与扶志、扶智相结合，更多采用生产奖补、劳务补助等方式，实现可持续稳固脱贫。推动农村低保与扶贫开发政策有效衔接。三是强化财政扶贫资金管理。严格按照规定的范围和用途，加

---

① 内蒙古自治区2017年预算执行情况及2018年预算草案的报告。

快推进贫困旗县涉农涉牧资金实质性整合。全面实施扶贫资金绩效管理，建立常态化监管机制，切实管好用好扶贫资金。

三、支持深化供给侧结构性改革

一是支持制造业优化升级。综合运用财政专项资金、政府投资基金等方式，促进制造业加快发展，推动工业与互联网深度融合。落实好国家税费改革政策，降低实体经济成本。二是大力培育新动能。发挥好重点产业、大数据、军民融合等发展基金作用，吸引社会资本和民间资本，加快发展数字经济，支持先进制造业、高端新材料等产业发展，实施军民融合发展战略。三是继续推进"三去一降一补"。用好中央和自治区财政专项奖补资金，支持退出煤炭产能，推动煤电、建材行业去产能，妥善处置"僵尸企业"。在减税降费同时，健全收费项目动态管理机制和乱收费投诉举报查处机制。完善扶持政策体系，切实优化公共服务供给。

四、促进城乡区域协调发展

一是支持实施乡村振兴战略。整合有关专项资金，加大投入力度，积极支持乡村振兴战略实施。调整优化农牧业结构，推动农牧业和农村牧区可持续发展。实施"大专项+任务清单"管理，探索建立涉农涉牧资金整合长效机制。推进"三权"分置，发展多种形式适度规模经营。深化农村综合改革，扶持村集体经济组织发展，推进美丽乡村建设提档升级。二是提高基本公共服务均等化水平。推进自治区分领域财政事权与支出责任划分改革，并进一步理顺自治区与盟市收入划分。逐步提高一般性转移支付规模和比重。积极争取中央各类转移支付，统筹县级基本财力保障机制奖补资金等转移支付，加大对财政困难地区支持力度，兜住保障基本民生的底线。三是推动区域协调发展战略实施。支持做好京蒙对口帮扶工作，深度融入京津冀协调发展。推动呼包鄂协同发展，支持东部盟市加快发展，加快乌海及周边地区转型发展，加大对老少边穷地区发展的支持力度。

五、建立保障和改善民生的长效机制

一是坚持兜底线。坚决托住基本民生需求的底，合理引导预期，切实保障好群众基本生活，在幼有所育、学有所教、劳有所得、病有所医、老有所养、住有所居、弱有所扶上不断取得新进展。二是科学建机制。制度安排要体现激励约束，合理均衡政府、单位和个人负担，鼓励社会力量参与，努力实现共建共享。三是提高精准性。针对群众关心的问题精准施策，增强财政资金和政策的指向性，更加注重对特定人群特殊困难的帮扶。四是注重可持续。在经济发展可持续、财力可支撑的基础上，既尽力而为，又量力而行，合理确定财政支出标准、范围或提标幅度，不做不切实际的承诺。

经过40年改革开放，内蒙古自治区财政全面贯彻落实党中央的战略方针，在自治区党委、政府领导下，始终秉持经济发展和改善民生的初心，积极应对困难和挑战，充分发挥财政的职能作用，稳增长、促改革、调结构、惠民生、防风险，有力地推动了经济社会各项事业的健康快速持续发展。数据显示，2017年内蒙古自治区GDP总量达到16103.2亿元，人均GDP达到63786元。由此回溯至改革开放之初，1978年内蒙古自治区GDP仅为58.04亿元。从GDP总量来看，内蒙古自治区40年间增长了276倍。1978~2018年，经过40年，内蒙古自治区经济建设和各项社会事业得到了全面快速发展，内蒙古自治区财政步入稳定发展阶段。内蒙古自治区财政从生产建设型财政到公共财政实现了历史性转变，财政正在发挥着基础和重要支柱作用。财政支出向民生、"三大攻坚战"等重点领域倾斜。

从内蒙古自治区财政支出总量看，内蒙古自治区财政支出由1978年的18.69亿元增加到2017年的4523.1亿元，其中，2017年内蒙古自治区财政支出中民生财政支出3158.1亿元，占总支出的69.8%。2018年1~6月，内蒙古自治区一般公共预算支出2116.1亿元，其中民生支出1454.4亿元，占一般公共预算支出的68.7%。40年来，在诸多财税体制改革的背景下，从20世纪80年代初期的"划分收支、分级包干"的财政体制，到1988年以后的多种形式地方财政包干体制，到1994年分税制改革，到1998年的公共财政，再到党的十九大提出的加快建立现代财政制度，内蒙古自治区把增强财力与发展民族地区经济有效结合起来，科学理财与民族区域自治结合起来，自身发展与争取中央财政大力支持结合起来。在遵循预算平衡的原则基础上，内蒙古自治区财政可用资金不断增加，财政支出从绝对和相对规模上大幅度增长，支出结构逐步优化，支出绩效管理逐步完善。

第四章

改革开放40年内蒙古自治区财政体制的变迁

我国的财政管理体制随着国家政策方针的调整、政治经济环境的变化，经历了由高度集中的统一收支管理体制逐步转向中央统一领导、分级管理体制的过程。根据不同时期产生的新问题、发生的新变化，财政管理体制的集中和分散的程度有所改变，分级管理的形式也会调整。中央与内蒙古自治区、自治区与各盟市之间的财政关系也随之变化。改变和调整的目的是尽最大努力与当时的政治经济发展情况和经济管理体制的要求相适应，以求得国家政治经济的稳定发展。

第一节　中央与内蒙古自治区财政关系的变迁

改革开放以来，随着政治经济环境的变迁，我国的财政制度随之发生变化。本书中将 1978 年以来财政体制的变迁划分为统收统支阶段、"分灶吃饭"与财政包干阶段、分税制阶段以及"后分税制"时代[①]四个阶段。

"文化大革命"期间，动荡的政治经济环境波及我国的财政管理体制，使之经历了数次调整与变动，整体可归纳为统收统支阶段。1979 年为我国实施改革开放初年，在新的财政管理体制没有制定实施之前，当年继续沿用了统收统支的财政管理体制。

1980~1993 年，为了加速实行社会主义现代化建设，围绕中央与地方、国家与企业的关系，对财政体制进行了一系列的改革，从统收统支进入到"分灶吃饭"与财政包干阶段。这一阶段财政体制的特点体现在中央与地方的财政关系的转变，地方的财权被逐渐扩大，有效地唤起了地方理财的责任心，体现了责、权、利相结合的原则。

1994 年，受之前过度分权产生弊端的影响，我国实行了分税制改革，这一改革好处颇多，一方面搭建了市场经济条件下中央与地方财政分配关系的基本制度框架，另一方面将中央政府从财政困境中解脱出来，此外还加强了中央对地方的控制能力。但分税制改革实践中也暴露出弊端，包括财权事权不统一、个别税种征收规则不合理、公共产品配置方面出现了严重的权利义务不对称现象等。因此，从 2000 年开始我国在大规模分税制改革之后进行了数次基于财政管理手段和方式的改革。在这种变革的大环境下，中央与内蒙古自治区的财政关系也不可避免地随着国家财政体制的变化而变化。

一、改革开放前混乱的财政管理体制亟待改革（1978~1980 年）

"文化大革命"期间，国家经济遭受到极大冲击和破坏，为了保证财政工作的顺利进行，财政体制不得不进行数次调整，"文化大革命"初期的"总额分

[①] "后分税制时代"概念源自网络：魏峰"跑部钱进"与后分税制时代改革 [EB/OL]. https://www.guancha.cn/WeiFeng/2013_07_24_160765.shtml.

成,一年一变"的管理体制在1968年无以为继,只好改为"收支两条线管理",中央将自治区的财政收入全部收走,再统一向下划拨行政事业经费。这种方式在当时混乱的政治经济形势下发挥了较大作用。但由于从地方拿走的太多不利于长远发展,1970年中央实施改革,下放财权,实施"收支大包干",但下放力度过大,导致放权过度、中央负担重等后果,不得不在1973年被迫中止。继而继续施行了上收财权、"旱涝保收"的财政管理体制[1]。这种财政体制的特点是高度的中央集权,集中过多,统得过死,严重挫伤了地方的积极性。因此,1975年财政部起草了《关于整顿财政金融的意见》(即"财政十条"),要求从1976年起,除了各省(市、自治区)核定一定数额的机动财力之外,实行"定收定支、收支挂钩、总额分成、一年一定"的办法。[2] 这一财政管理体制一直延续到1980年以前。

表4-1 1966~1980年中央与内蒙古自治区财政体制的变迁

年份	财政体制
1966~1967	定收定支、收支挂钩、总额分成、一年一变
1968	收支两条线
1970	收支大包干
1971	定收定支、收支包干、保证上缴(或差额补贴)、结余留用、一年一定
1972	旱涝保收
1976~1980	定收定支、收支挂钩、总额分成、一年一定

粉碎"四人帮"后,国家开始全面恢复和整顿经济,在此期间,财政管理体制没有发生大的变化,中央财政对内蒙古自治区的财政管理体制也未进行大的调整,依然为"定收定支、收支挂钩、总额分成、一年一定"。这种财政体制的特点是,将地方组织的收入按一定的比例在中央财政与地方财政之间分成,如地方财政收入增加,中央与地方财政都增加分成收入;如财政收入减少,则相应减

---

[1] "旱涝保收"的财政管理体制:收入按固定比例留成,超收另定分成比例,支出按指标包干。
[2] 内蒙古自治区财政厅编. 内蒙古自治区财政管理体制(1947~2007年)[M]. 中国财政经济出版社,2008.

少分成收入。同时在保留原有对民族地区照顾的基础上，又增加了新的照顾政策，一是进一步扩大了地方预算收支范围和管理权限；二是保留了地方实行固定比例留成时的分配所得，将机动财力保留在基数当中；三是实行超收分成比例的办法，规定地方超收部分最低分成30%，最高分成70%，对民族地区实行超收全部留给地方。

这种办法较好地体现了"权责利"原则，有利于调动地方增收节支的积极性。但是，1978年以前的财政管理体制虽然多次变动，却一直没有改变高度集中的特征，虽然有过短期下放财权的尝试，效果并不理想。为解决"管得过多，统得过死"的局面，1979年的财政改革就以此为突破口，采用"分灶吃饭"的方式扩大地方政府财权。

二、"分灶吃饭"与财政包干（1980~1993年）

党的十一届三中全会之后，财政管理体制改革作为经济体制改革的突破口率先开始。1980年2月，国务院颁发《关于实行"划分收支，分级包干"的财政管理体制的规定》，这次财政管理体制改革的指导思想是：既要有利于促进经济的调整和发展，又要有利于财政的平衡和稳定；既要有利于调节和保护各方面的经济利益，又要有利于使微观经济活动符合宏观决策的要求。因此，改革在确保中央统一领导和开支的前提下，明确地方权责划分，做到权责结合、各司其职、各尽其职。这一时期财政改革的深度和广度更超过以往任何时期，我国的财政管理体制改革进入到一个新的历史阶段。

（一）划分收支、分级包干

此次改革为扩大地方政府对经济资源的支配能力，给予地方政府一定的自主权，以"放权让利"为突破口，实行"划分收支、分级包干"财政体制。主要内容包括：第一，按照经济管理体制规定的隶属关系，划分中央和地方财政的收支范围；第二，按照划分的收支范围，核定调剂收入分成比例、地方上缴比例、中央定额补助等收支指标，原则上五年不变；第三，按照核定的指标，地方以收定支，自求平衡，多收多支，少收少支[①]。

---

① 邓子基.财政学原理修订本［M］.经济科学出版社，1997.

第四章 改革开放 40 年内蒙古自治区财政体制的变迁

"划分收支、分级包干"的财政体制有以下几个特点①：由过去全国"吃大锅饭"，改为"分灶吃饭"，地方财政收支的平衡也由过去中央平衡，改变为地方各自自求平衡；中央不再归口下达各项财政支出；包干基数和补助数额确定后原则上五年不变。

从 1980 年开始，随着中央对经济管理体制逐步进行的全面改革，按照经济管理体制规定的隶属关系，明确划分中央和地方的财政收支范围，收入按企业的隶属关系划分为固定收入、固定比例分成收入和调剂收入三类，支出按照企事业和行政单位的隶属关系划分，属于哪一级的收入和支出就列入哪一级的预算，民族自治区的财政体制，收支范围划分与一般省（市）一致。原实行的对民族自治地方的各项特殊照顾，相较于一般地区更多的预备费、少数民族地区补助费和 5% 的民族机动金等均纳入地方包干范围，不再单列。同时，为了照顾民族自治地区发展生产建设和文化教育事业的需要，中央对民族自治区的补助数额每年递增 10%。此外，将特大自然灾害救济费、特大抗旱防汛补助费、支援经济不发达地区的资金等列为中央专案拨款。

这次改革突破了我国原有财政管理体制高度集中的管理办法，给予地方各级政府更多财政收入，激发了地方政府当家理财、开源节流、增收节支的主动性和积极性。这个体制确定的基本原则是"在现行中央统一领导和统一计划，确保中央必不可少开支的前提下，明确各级财政的权责关系，做到权责结合"②。与此同时，对包括内蒙古在内的五个少数民族自治区以及云南、青海、贵州等省区仍实行民族自治地方财政体制，保留原来对民族自治地区的特殊照顾，并作两条改进，具体地体现了党和国家的民族政策。实行分级包干的财政体制，是我国财政管理体制历程中的一次重要改革，在收支结构、财权划分和财力分配等方面，都做出了重大变化。

但分级包干财政体制存在明显缺陷，中央集中的财力过少，形成"强枝弱干"的局面，中央负担过重，对地方的控制能力被削弱；中央与地方就财政收支问题纷争不断，相互挤占、讨价还价，财政管理效率低下；地方财力虽然大大增加，但是财权不独立，不能真正地称为相对独立的一级预算。

---

① 国务院. 国务院关于实行"划分收支、分级包干"财政管理体制的通知 [R]. 国发〔1980〕33 号，1980-02-01.

② 史绍绂. 国家金库基础知识 [M]. 中国财政经济出版社，1984.

（二）总额分成，比例包干

1983~1984年，国务院逐步取消"划分收支、分级包干"财政体制中的地方固定收入和调剂收入，改为按地方收入总额同支出基数对比求出一个分成比例，按此划分中央收入和地方收入，实行地方包干①。

（三）1983~1984年的两步"利改税"

利改税是将国营企业原来向国家上缴利润的大部分改为征收所得税。改革之前，国家和国营企业的分配关系主要体现为国营企业向国家上缴利润。随着经济体制改革的进行，原有的分配关系不能起到促进企业发展、唤起国企员工积极性的作用，已不再适用即将建立的市场经济体制，因此有必要将国营企业向国家上缴利润的形式改为按税种、税目、税率缴纳税金，将国家与企业的分配关系在税法中固定下来。利改税改革分两步进行，最后扩展到整个税制改革。

1. 第一步"利改税"

1983年，国务院决定在全国试行国有企业"利改税"，即第一步"利改税"改革。第一步"利改税"主要是对有盈利的国营企业普遍征收所得税，对国营大中型企业实现的利润，按55%的比例征收所得税，企业缴纳所得税后的利润，分别采取利润递增包干或缴纳调节税的形式上缴国家，其余部分留给企业；国营小型企业实行八级超额累进税制征收所得税，少数税后利润较多的小企业还应当缴纳部分承包费。

实践表明，"利改税"的第一步改革有其积极的意义和作用：第一，"利改税"重新定义了国家与国营企业的分配关系，为建立市场经济体制打下基础。并且改变了一直以来国有企业不缴纳所得税的现状，第一次将国营企业作为独立的商品生产者纳入了所得税的纳税人范围，至此，国家与企业的分配关系走上了固定的轨道。第二，"利改税"打破了国有企业吃"大锅饭"的现状，体现了"国家得大头，企业得中头，个人得小头"的原则，给了企业更多的自主空间，调动了企业积极性，激发了企业踊跃投入生产与再生产的积极性，有利于国营企业的长远发展及国家财政的稳定增长。第三，"利改税"后各类各级企业按照隶属关系缴纳利润的原有体制被打破，转而向中央和所在地方纳税，有利于打破部门、地区界限，有利于政企分开，鼓励企业自主经营。第一步"利改税"在解决国

---

① 贾康，阎坤. 中国财政转轨与变革［M］. 上海远东出版社，2000.

家、企业分配关系的探索中取得了初步经验，但也存在一些需要改进的方面，如税种比较单一，难以发挥税收调节经济的杠杆作用；税后利润的分配办法仍然比较纷繁，国家同企业的分配关系还没有定型；企业之间留利差别很大等问题①。

2. 第二步"利改税"

1984年9月18日，国务院颁布《国务院批转财政部关于在国营企业推行利改税第二步改革的报告的通知》（国发〔1984〕10号），国营企业"利改税"第二步改革开始。此次改革的主要内容是：将国营企业原来上缴国家的财政收入改为分别按11个税种向国家缴税，也就是由税利并存逐步过渡到完全的以税代利。在这一改革中，对企业将采取适当的鼓励政策，企业努力改进生产技术，改善管理能力，取得的收入越多，税后留归企业安排使用的财力越大。

（1）把现行的工商税分解为产品税、增值税、盐税和营业税四个税种，分别适用于不同的企业。同时，为了更好地发挥税收调节生产、消费和缓解价格矛盾的作用，在产品税、增值税中，对一些产品的税率适当进行了调整。调整的原则是，对一部分由于价格等原因利润率较高的产品如烟草，适当调高税率；对那些同人民生活有直接关系的轻纺工业产品，一般不调高税率；对微利产品以及煤炭等少数亏损产品，则适当调低税率。调整的结果，提高税率的有70个项目，降低税率的有60个项目。

（2）对从事原油、天然气、煤炭、金属矿产品和其他非金属矿产品资源开发的国营企业，在应税产品销售后，应按照规定计算缴纳资源税。根据当时的情况，先对原油、天然气、煤炭等矿产品开征，其他矿产品暂缓开征。

（3）开征和恢复城市维护建设税、房产税、土地使用税、车船使用税四个地方税，但考虑到目前开征这几种税，工作量较大，因此保留税种，暂缓开征。

（4）核定调节税税率。对有盈利的国营企业征收所得税。国营企业在缴纳上述几种税以后所得的利润，按照规定征收一定数额的所得税。其中，大中型国营企业按55%的比例税率征收，小型国营企业按新的八级超额累进税率征收。新八级超额累进税率的平均税负，同原来八级超额累进税率的平均税负相比，降低了3%～5%。

---

① 陈少强. 政府与国有企业分配关系回顾与思考［J］. 经济纵横，2009（4）：41－44.

（5）核定调节税税率。盈利的国营大中型企业在缴纳所得税后，应按照核定的调节税税率，计算缴纳调节税。调节税的税率，拟本着保持企业原来合理留利的精神，以1983年为基数，按企业的不同情况核定。余利达不到1983年合理留利的大中型企业，不征调节税，并在一定期限内，经过批准，减征一定数额的所得税。为了鼓励企业增产节约，减轻企业负担，对其利润增长部分，实行减征调节税的办法。减征的比例为70%，按定比计算，一定7年不变。

（6）对小型国营企业的利润，在按新的八级超额累进税率征收所得税以后，一般可以留给企业支配使用，只对留利过多的企业收取一定数额的承包费。税后不足1983年合理留利的，经过批准，可在一定期限内减征一定数额的所得税。小型国营企业可以承包或租赁给集体和个人经营。并且在"利改税"第二步改革中，适当放宽了小型国营企业的划分标准。

（7）对于微利企业和亏损企业，凡属国家政策允许的亏损，实行计划补贴办法，超亏不补，减亏分成。凡属经营管理不善造成的亏损，由企业主管部门责成企业限期扭亏。

（8）国营企业的职工福利基金和奖金的列支办法，按照《国营企业成本管理条例》及其实施细则执行。建筑工人、煤矿井下采掘工人和铁路、港口码头装卸工人的计件超额工资，应计入成本。

（9）国营企业在申请技措性借款时，借款项目所需资金的10%~30%，要用企业专用基金自行解决。在归还技措性借款和基建改扩建项目借款时，经过财政部门批准后，可在缴纳所得税之前，用借款项目投产后新增利润归还。

（四）划分税种、核定收支、分级包干

从1980年到1984年实行的"分灶吃饭"分级包干的财政管理体制，扭转了当时全国财政工作的被动局面，实现财政状况的逐步好转，对促进国民经济的稳定协调发展起了重要的作用。同时也为国家承担了一部分财政负担，为缩小全国的财政赤字做了一定的贡献。鉴于这种体制在1983年和1984年分步实行利改税以后，国家与企业的分配关系发生了较大的变化，为此，1985年3月，国务院颁发《关于实行"划分税种、核定收支、分级包干"财政管理体制的通知》，决定从1985年起，对各省（自治区、直辖市）一律实行"划分税种、核定收支、分级包干"的新财政管理体制。

"划分税种、核定收支、分级包干"的新财政管理体制指按照税种和企业隶

属关系，确定中央、地方各自的固定收入（所得税、调节税等），另有共享收入（产品税等）；支出仍按隶属关系划分①。这时，已经有关于展开"分税制"改革的讨论，但体制仍是财政包干制。

（五）1987年调整完善财政管理体制

实践证明，实行分级包干的财政管理体制，调动了各级地方政府当家理财的积极性，促进了增产节约和增收节支。但在执行过程中，由于各地区经济发展不平衡，因而影响到财力在地区之间、部门之间的不平衡，造成部分旗县财政十分困难，难以为继。

（六）中央与地方大包干财政体制

1988年实行中央与地方大包干财政体制，又称为"财政包干"。主要内容是：全国39个省、自治区、直辖市和计划单列市，除广州市、西安市的财政关系仍分别与广东省、陕西省两省联系外，其余37个地方分别实行不同形式的包干办法，包括收入递增包干、总额分成、总额分成加增长分成、上解额递增包干、定额上解、定额补助等②。

表4-2 1980~1993年中央与内蒙古自治区财政体制的变迁

年份	财政体制
1980~1982	划分收支、分级包干
1983~1984	总额分成，比例包干；利改税
1985~1987	划分税种、核定收支、分级包干
1987	调整完善财政管理体制
1988~1993	中央与地方大包干财政体制

1980~1993年，国家及自治区在财政管理体制方面进行的改革，使地方政府在财政预算管理上取得了较以往更多的权力，打破了过去过分集中的状况，开始注重调动地方积极性，重视给地方、企业、部门以更大的自主权，对同一期间自治区经济的迅速发展起到了极为重要的作用。

---

① 郑永海. 我国地方税制的历史沿革与发展探析 [J]. 当代中国史研究，2003（2）：52-60.
② 中南财经政法大学、湖北财政与发展研究中心、中国地方财政研究中心. 2005中国地方财政发展研究报告：地方财政与地方经济发展研究 [M]. 中国财政经济出版社，2006.

(七) 财政包干体制的优缺点

财政包干体制改变了计划经济体制下财政统收统支过度集中的管理模式，改变了原来中央部门下达指标，地方政府被动安排财政收支的原有状态，体现了"统一领导、分级管理"的原则。其次，进一步完善了财政管理体制，为实现经济持续稳定发展做出了贡献，有利于地方各项公共事业工作的开展以及教育、科学、卫生等各项事业的投入，促进了地方经济建设和社会事业的发展。

但包干体制注重政府间收入在所有制关系下的划分，缺乏合理依据，是政府间财政分配关系不稳定的重要原因之一；一对一讨价还价的财政包干体制也缺乏必要的公开性；重视纵向财政分配关系，忽视横向公平，地区间经济发展及公共服务供给严重不均衡；包干数额过于僵化，导致中央财政在财政总收入中所占份额逐年减少，也导致入不敷出，地区得到的财政补贴效果减弱；税收调节功能弱化，影响统一市场的形成和产业结构优化。

三、分税制阶段（1994~2000年）

1992年党的十四大以前，在整个经济体制改革"摸着石头过河"的背景下，财政体制改革不可能走向清晰的、与市场经济体制相适应的目标。多种体制并存，中央与地方"一对一"的谈判机制缺乏公开信，导致扭曲了国家财政收入占国内生产总值、中央财政收入占全国财政收入的比例，导致政府行政能力和中央政府调控能力明显下降。

党的十四届三中全会通过的《中共中央关于建立社会主义市场经济体制若干问题的决定》明确指出，"社会主义市场经济必须有健全的宏观调控体系，宏观调控的主要任务是：保持经济总量基本平看，促进经济结构优化，引导国民经济持续、快速、健康发展，推动社会全面进步，宏观调控主要采取经济方法……建立计划、金融、财政之间相互配合的制约机制，加强对经济运行的综合协调"。中央政府决心对财政管理体制进行根本性的改革。将改革的着力点放在改变以往"条块分割"的按照行政隶属关系划分的管理模式，改善中央调控能力不足的现状，通过建立分级分税财政体制来处理中央与地方、政府与企业两大关系。分税制改革对构建社会主义市场经济具有里程碑意义，是我国公共财政建立与完善过程中的主旋律。

（一）分税制财政体制改革的背景

在分税制实施之前，我国普遍实行的是"分灶吃饭"框架内的财政包干制。

改革开放初期,财政包干体制扩大了地方政府的财权,解决了"统收统支"体制激励不足的问题,调动了地方政府的积极性,但是实践表明,这种体制也存在弊端。从1992年下半年开始,我国国民经济出现过热迹象,突出表现为"三乱""三热",即"乱批地、乱贷款、乱集资","房地产热、炒股票热、开发区热"。① 各地方政府违规批地,大量银行资金罔顾风险进行投机;民间高利贷扰乱金融秩序;宏观经济调控失衡已相当严重。"双轨制"的运行严重影响了制度变迁的有序进行。我国财政陷入严重危机,中央财力薄弱,无法履行中央政府职能,我国财政管理体系呈现"强干弱枝"的状态。1992~1994年,在我国国内生产总值增长率连续三年超过了10%的情况下,通货膨胀率增长迅速,1994年物价增长率达到历史最高纪录21.7%,国民经济过热,形势严峻。此时财政包干这一财政体制已无法适应社会主义市场经济发展的客观要求,建立统一的、科学的和规范的分税制体制成为必然选择。因此,我国于1994年1月1日起,在全国范围内全面实行分税制财政管理体制。

(二)分税制改革的内容

1. 中央与地方的事权和支出划分

根据当时中央政府与地方政府事权的划分,中央财政主要承担国家安全、外交和中央国家机关运转所需经费,调整国民经济结构、协调地区发展、实施宏观调控所必需的支出以及由中央直接管理的事业发展支出。具体包括:国防费,武警经费,外交和援外支出,中央级行政管理费,中央统管的基本建设投资,中央直属企业的技术改造和新产品试制费,地质勘探费,由中央本级负担的公检法支出和文化、教育、卫生、科学等各项事业费支出。地方财政主要承担本区内政府相关机构正常活动和经济与社会事业发展所需的必要支出。具体包括:地方行政管理费,公检法支出,部分武警经费,民兵事业费,地方统筹的基本建设,地方企业技术改造和新产品试制费,支农支出,城市维护建设费,地方文化、教育、卫生等各项事业费,价格补贴支出以及其他支出。

2. 中央与地方的收入划分

根据事权与财权相结合的原则,按税种划分中央收入、地方收入及中央地方

---

① "分税制"改革的决策背景、历程与历史功绩 [OL]. 说说改革故事于 2014/6/25 10:34:09 发布在凯迪社区 > 猫眼看人. http://club.kdnet.net/dispbbs.asp? boardid=1&id=10160218.

共享收入。将维护国家权益、实施宏观调控所必需的税划分为中央税，将同经济发展直接相关的主要税种划分为中央与地方共享税，将适合地方征管的税种划分为地方税。

（1）中央固定收入包括：关税，海关代征的消费税和增值税；消费税，中央企业所得税，非银行金融企业所得税，铁道、各银行总行、保险总公司等部门集中缴纳的收入（包括营业税、所得税、利润和城市维护建设税），中央企业上缴利润等收入。外贸企业出口退税，除1993年地方实际负担的20%部分列入地方财政上缴中央基数外，以后发生的出口退税全部由中央财政负担。

（2）地方固定收入包括：营业税（不含各银行总行、各保险总公司集中缴纳的营业税）、地方企业所得税（不含上述地方银行和外资银行及非银行金融企业所得税）、地方企业上缴利润、个人所得税、城镇土地使用税、固定资产投资方向调节税、城市维护建设税（不含铁道、各银行总行、各保险总公司集中缴纳的部分）、房产税、车船使用、印花税、屠宰税、农牧业税、农业产税、耕地占用税、契税、国有土地有偿使用收入等。

（3）中央与地方共享收入包括：增值税、资源税、证券交易（印花）税。增值税中央分享75%，地方分享25%。资源税，按不同的资源品种划分，海洋石油资源根作为中央收入，其他资源税作为地方收入。证券交易（印花）税，中央与地方各分享50%

3. 中央财政对地方税收返还数额的确定

为了保持地方既得利益格局，逐步达到改革的目标，中央财政对地方税收返还数额以1993年为基期年核定。按照1993年地方实际收入以及税制改革后中央与地方收入的划分情况，核定1993年中央从地方净上划收入数额（消费税＋增值税的75% – 中央下划收入）1993年，中央从地方净上划收入全额返还地方，保证地方既得利益，并以此作为以后中央对地方税收返还基数。1994年以后，税收返还在1993年基础上逐年递增，递增率按本地区增值税和消费税增长率的1:0.3系数确定，即本地区两税每增长1%，中央对地方的税收返还则增长0.3%。如果1994年以后上划中央收入达不到1993年的基数，则相应扣减税收返还数额。

4. 原体制中央补助、地方上解及有关结算事项的处理

为了顺利推进分税制，1994年实行分税制财政体制以后，原包干制体制的

分配格局暂时不变，过渡一段时间再逐步规范化。原来中央拨给地方的各项专款，该下拨的继续下拨。地方承担的20%出口退税以及其他年度的上解和补助项目相抵扣后，确定一个数额，作为基数上解中央或补助处理，以后年度按此定额结算。

5. 确立了新的预算编制和资金调度规则

实行分税制财政体制后，中央和地方都要按照新的口径编报财政预算。由于中央对地方的税收返还支出数额比较大，为了避免资金的往返划拨，保证地方财政正常用款，将中央税收返还数和地方的原上解数抵扣，按抵扣后的净额占当年中央消费税和增值税收入数额的比重，核定一个"资金调度比例"，由金库按此比例划拨消费税和中央分享的增值税给地方。

1994年的分税制改革构建了市场经济体制下财政体制的基本框架，初步理顺了中央与地方、国家与企业的分配关系。此后，随着经济社会发展与体制改革的深化，有针对性地对财政体制运行中的一些方面进行了调整，主要内容是：第一，调整中央与地方收入安排。包括1997年调整金融保险营业税收入划分；1997年、2000年、2001年、2002年多次调整证券交易印花税中央与地方分享比例；2002年实施所得税收入分享改革，按市场经济原则将企业所得税由按企业隶属关系划分改为中央、地方统一按比例分享；2004年改革出口退税负担机制。第二，完善政府间转移支付制度。从1995年起，中央对财力薄弱地区实施了过渡期转移支付；2002年实施所得税分享改革后，合并因分享增加的收入，统一为一般性转移支付；从2000年起，实施民族地区转移支付；1999~2004年，安排调整工资转移支付资金；从2005年开始，实行对县、乡"三奖一补"财政奖补转移支付制度。同期，根据我国经济社会发展的阶段性目标要求，为配合实施中央宏观政策目标和推动重大改革的要求，新增了一些专项转移支付项目，如对农村税费改革、天然林保护工程、社会保障制度建设专项补助等，初步建立了比较规范的专项转移支付体系。

（三）分税制改革的优点与存在的问题

1. 分税制改革的优点

（1）改变了以往按照行政隶属关系组织财政收入的管理体制，所有企业，不分性质、大小、行政级别，在税法面前一律平等，建立了良好的市场秩序，稳定了财政收入来源。

(2) 规范了政府间财政关系，中央税、中央和地方共享税由国税负责征收管理，对地方税由地税负责征收管理，有利于提高征收管理效率，不再存在互相挤占财政收入的现象。

(3) 提高了财政收入增长速度、"两个比重"和中央调控能力。

2. 分税制改革存在的问题

(1) 财权和事权不匹配。目前实施的分税制没有重新界定政府职能，各级政府事权维持不甚明确的格局，导致越向上财力越雄厚，越向下事务越繁杂，财权和事权不匹配近年来越发严重，地方政府财政收入缺口大，不得不举债维持，造成地方债问题严重。

(2) 地方税收体系不健全。目前，地方税种中除增值税、所得税外，均为小额税种，基层政府财政无稳定的税收来源，收入不稳定。而地方税种的管理权限高度集中在中央，地方对地方税种的管理权限过小。

(3) 省以下分税制财政管理体制不够完善。主要是地方各级政府间较少实行按事权划分财政收支的分权式财政管理体制。县级财政没有独立的税种收入，财政收入无保障。

(4) 转移支付不规范。我国现行转移支付制度存在一些缺陷：政府间财政资金分配因保留包干制下的上解、补助办法，基本格局未变；采用基数法实行税收返还不合理；中央对地方专项补助发放的条件、程序、使用管理无法可依；地方政府之间如何转移支付不明确。

四、"后分税制时代"[①] 财政管理体制的改革（2000年至今）

分税制较好地解决了中央集权与地方分权问题。1994我国开始实施分税制财政管理体制[②]。对于理顺中央与地方的分配关系，调动中央、地方两个积极性，加强税收征管，保证财政收入和增强宏观调控能力，都发挥了积极作用。至今我国仍然延续这一财政管理体制，但为了适应新时代财政财政管理的要求，完善现代财政管理制度体系，2000年之后，我国在大规模分税制改革之后进行了数次基于财政管理手段和方式的改革。

---

① "后分税制时代"：概念来源于网络. 魏峰. "跑部钱进"与后分税制时代改革 [EB/OL]. http://www.360doc.com/content/16/1022/09/30123241_600401184.shtml.

② 王雁霞. 中央与地方财政关系在我国的实践 [J]. 经济研究导刊，2009 (11)：114 - 115，129.

第四章　改革开放 40 年内蒙古自治区财政体制的变迁

由于 1994 年分税制改革已经奠定了现代财政管理体制的基础，之后的改革都是在分税制的框架下进行，因此，本书将进入 21 世纪之后的财税体制改革称为"后分税制时代"的改革。

这一时期的改革可以分为三部分：预算管理制度改革、税收制度改革以及建立事权和支出责任相适应的制度。

（一）预算管理制度改革

1. "收支两条线"管理改革

2001 年，财政部发布《国务院办公厅转发财政部关于深化收支两条线改革进一步加强财政管理意见的通知》（国办发〔2001〕93 号），针对当时预算外资金上缴的收费和罚没收入与执收单位的支出安排仍存在挂钩现象；部门预算未将执收单位预算内外资金统筹安排；中央本级大部分收费仍由单位自收自缴，没有实行收缴分离；执收单位预算外资金使用仍不够规范、合理等，从而导致部门之间行政开支、职工收入水平差距较大，收费和罚没收入中乱收、乱罚、截留、挪用现象比较突出。为了解决上述问题，进行"收支两条线"管理。

针对预算外资金管理的改革，核心是将预算外收支纳入预算管理范围，形成完整统一的各级预算，提高法制化和监督水平。

2. 国库集中收付制度改革

改革开放以来，我国对财税体制进行的几次重大调整中基本没有关注过国库管理制度，随着我国社会主义市场经济的不断发展，原有的国库管理制度已经不能适应现代化公共财政体制的要求，缺陷日渐暴露。因此，从 1999 年起，财政部开始推动国库集中收付制度改革。

国库集中收付制度是指建立国库单一账户体系，设立国库存款账户、零余额账户以及财政专户[①]。改革的内容包括：改革财政部门的机构设置和财政核算体系，建立国库支付中心、会计核算中心、政府采购部门有机结合的支付体系，确立预算审核、资金支付、监督管理为一体的预算机构设置和管理体制；改进资金管理方式，在坚持资金使用权和审批权不变的前提下，取消各预算单位原来的一切账户，将所有财政性资金都纳入国库单一账户管理，收入直接缴入国库或财政

---

① 乔天锋，王璐. 集中收付改革对地方国库现金管理的影响分析［J］. 甘肃金融，2013（10）：25 - 27.

专户，支出通过国库单一账户体系，按照不同支付类型；采用财政直接支付与授权支付的方法，支付到商品或货物供应者或用款单位①，实现集中资金、集中核算、集中支付。此次改革规范了财政性资金缴拨方式，提高了资金的运行效益，使财务管理更加合理化、科学化。

2001年2月28日，国务院第95次总理办公会议原则同意了财政部会同中国人民银行起草的《财政国库管理制度改革方案》，改革试点工作正式开始，在"一个方案两个办法"指导下，改革从中央到地方、从局部到全国逐步推广。2006年开始实施中央国库现金管理。2011年以后，各地以《财政部关于进一步推进地方国库集中收付制度改革的指导意见》为指引，省及省以下政府加快非税收入等预算外资金纳入预算管理和地方财政专户清理整顿的步伐。2013年颁布了《财政专户管理办法》，改革进入了财政专户的全面清理和国库集中收付的扩围阶段。时至今日，我国的国库集中支付制度已经日趋完善，有效防止了财政资金运用过程中的"跑、冒、滴、漏"现象，减少了财政资金闲置，降低了运营成本。

3. 部门预算改革

我国财政管理制度的构建在初期深受计划经济体制的影响，2000年以前，我国各级政府、各单位、各部门所提供的预算只按照功能分类，不反映各部门的总预算、具体的预算收支项目和支出控制数以及所有的收支活动。政府的财政政策基本职能起到控制支出结构的作用，难以起到支出管理和支出绩效管理的作用。这种预算管理制度的程序和方法以及预算科目的设置，很难适应我国新时代预算管理工作的要求。

为了改革预算编制制度，规范预算编制程序，编制出便于管理和具有制约机制的预算，实现预算的规范管理，从2000年开始，财政部根据国务院的指示，决定改变传统的预算编制方法，要求各部门统一实行新的预算编制方法，编制独立完整的部门预算。中央政府和部分地方政府开始推进部门预算改革，建立以部门预算为主导的预算编制制度。改革重点涉及扩大预算范围，实行包括部门所有收支的综合预算；改变编报方法，实行"一个部门一本预算"；细化编制内容；规范审批程序等。

---

① 杨光焰. 政府预算管理［M］. 立信会计出版社，2011，220.

部门预算改革主要内容包括以下四个方面①：第一，改革预算的编制形式，初步实现了"一个部门一本预算"。第二，改革预算编制方法，按照基本支出和项目支出编制部门预算。第三，深化"收支两条线"的改革，初步实现综合预算。第四，规范了预算编制程序，初步建立起财政部和中央内部的预算编制规程②。

实施部门预算制度是预算管理制度改革中的重要一步，能够统一预算编制的范围，细化预算编制的内容，规范预算编制的法律审批程序，从而使政府预算做到公开、公正、透明。经过多年的推行实践，我国的预算管理工作更加规范，约束更加有力，预算编制的科学性、规范性大大提高，通过改进预算报告的形式增加了预算的透明度，更有利于人大审批和监督。

4. 政府采购

2002年6月29日，第九届全国人大常委会第二十八次会议上审议通过了《中华人民共和国政府采购法》，自2003年1月1日起施行。政府采购制度是通过约束政府机关和公共机构运用市场竞争机制采购货物、工程和服务以实现公共职能的制度。政府采购法的宗旨和功能，是以法律方式强制地为国家机关和公共机构的采购行为引入市场竞争，其核心是采购合同授予的竞争制度。

政府采购制度有利于贯彻依法行政方针，推进政府采购规范管理；提高财政性资金使用效率，维护国家利益和社会公共利益，从源头上防止腐败；有利于政府采购宏观调控经济政策功能的发挥；将公共财物的采购纳入"阳光下的交易"，使采购人、供货商、采购中心三者的行为置于公开透明的监督之中，树立政府的良好形象。2000年，全国政府采购327.9亿元，比1999年增长约1.5倍。节约资金42.5亿元。其中，预算资金节约25.7亿元，节约率为11.6%。2016年全国政府采购规模为31089.8亿元，全国政府采购同口径规模为25731.4亿元，较2015年增加4660.9亿元，增长22.1%，占全国财政支出和GDP的比重分别为11%和3.5%③。

---

① 中华人民共和国财政部综合司、预算司、国库司、中共中央纪委驻财政部纪检组编写. 财政管理体制改革［M］. 中国方正出版社，2014.
② 万斌. 中国经济发展和体制改革报告：中国改革开放30年（1978~2008）［M］. 社会科学文献出版社，2008，208-220.
③ 祁明，张凌. 政府电子采购：城市信息化的突破口［J］. 南方经济，2002（2）：38-40.

(二) 税收制度改革

1. 所得税分成比例的调整

1994年国务院实行了分税制财政管理体制之后,将地方企业所得税划为地方税,作为地方固定收入,中央企业所得税划为中央税,作为中央固定收入。企业所得税体制运行以来,原先按照企业隶属关系划分中央和地方所得税收入的方式弊端日益显现。不利于国有企业改革的继续深化和全国统一市场的形成。为此,国家决定从2002年开始实施企业所得税收入分享改革。

改革的主要内容是:除了少数特殊行业或企业外,对其他的企业所得税实行中央与地方按比例分享。中央保证各地区2001年地方实际的企业所得税收入基数,实施增量分成。

(1) 分享范围。除铁路运输、国家邮政、中国工商银行、中国农业银行、中国银行、中国建设银行、国家开发银行、中国农业发展银行、中国进出口银行以及海洋、石油、天然气企业缴纳的所得税继续作为中央收入外,其他企业所得税和个人所得税收入由中央与地方按比例分享。

(2) 分享比例。在2002年所得税收入中,中央分享50%,地方分享50%;在2003年所得税收入中,中央分享60%,地方分享40%;2003年以后年份的分享比例根据实际收入情况再行考虑。

(3) 基数计算。以2001年为基期,按改革方案确定的分享范围和比例计算,地方分享的所得税收入,如果小于地方实际所得税收入,差额部分由中央作为基数返还地方;如果大于地方实际所得税收入,差额部分由地方作为基数上解中央。具体计算办法由财政部另行通知。

(4) 跨地区经营、集中缴库的中央企业所得税等收入,按相关因素在有关地区之间进行分配。具体办法由财政部另行制定。

2. "营改增"

"营改增"改革试点从2012年年初开始,至2016年5月1日"营改增"改革全面实施,期间历时将近5年半时间。主要经历了表4-3几个阶段性的过程。

自2016年5月1日起,全面推开营改增试点,将建筑业、房地产业、金融业、生活服务业全部纳入营改增试点,从此,营业税退出历史舞台,增值税将成为我国最大的主体税种。这是自1994年分税制改革以来,财税体制的又一次深刻变革。《全面推开营改增试点后调整中央与地方增值税收入划分过渡方案》

（国发〔2016〕26 号）规定：以 2014 年为基数核定中央返还和地方上缴基数；所有行业企业缴纳的增值税均纳入中央和地方共享范围。中央分享增值税的 50%；地方按税收缴纳地分享增值税的 50%；中央上划收入通过税收返还方式给地方，确保地方既有财力不变；中央集中的收入增量通过均衡性转移支付分配给地方，主要用于加大对中西部地区的支持力度。

表 4-3 "营改增"改革试点工作进程

时间	文件	改革进程
2011 年 11 月 16 日	财税〔2011〕110 号和财税〔2011〕111 号	自 2012 年 1 月 1 日起，在上海市开展交通运输业（暂不含铁路运输）和部分现代服务业营业税改征增值税试点
2012 年 7 月 13 日	财税〔2012〕71 号文件	北京、江苏省、安徽省、福建省、广东省、天津市、浙江省、湖北省先后于 2012 年 9 月至 12 月完成新旧税制转换
2013 年 5 月 24 日	财税〔2013〕37 号文件	在全国范围内开展交通运输业和部分现代服务业营改增试点
2013 年 12 月 12 日	财税〔2013〕106 号文件	自 2014 年 1 月 1 日起，铁路运输和邮政业在全国范围内开展营业税改征增值税试点
2014 年 4 月 29 日	财税〔2014〕43 号文件	自 2014 年 6 月 1 日起，电信业纳入营业税改征增值税试点
2016 年 3 月 23 日	财税〔2016〕36 号文件	自 2016 年 5 月 1 日起，在全国范围内全面推开营业税改征增值税试点

"营改增"的税率适用于一般纳税人，共有 17%、13%、11%、6% 和"零税率"五种税率。小规模纳税人统一按 3% 征收，对于一些特定的一般纳税人，则适用 6%、5%、4%、3% 四档征收。征收率统一为 3%，财政部和国家税务总局另有规定的除外。销售不动产、不动产经营租赁服务、中外合作开采的原油、天然气的征收率为 5%。

"营改增"试点自 2016 年 5 月 1 日全面推开以来，积极稳妥推进，在有效释放减税红利、支持企业发展壮大的同时，产生了促进创业创新、拉长产业链、催生新业态等多重积极效应。但本次税改还是对地方财政收入产生较大影响。本次"营改增"后，名义上会减少地方政府约 3000 亿元的收入，表明这次税改和 1994 年分税制一样，结果在客观上提高了中央财政收入比重。由此可以看出，

"营改增"削弱地方财力，政府财权与事权面临再平衡。

2016年全面推开"营改增"试点后，中央和地方的共享税比重由53%提高到69%，地方税由占比21.7%下降到6%。以广东省为例，2016年"营改增"后，剩余的土地增值税、契税等10个地方税种规模2380亿元，占全部税收收入的比重由2015年的27.6%下降到14.4%。截至2017年9月，全面推开"营改增"试点累计减税10639亿元[①]。

3. 国地税合并

2018年3月13日公布的国务院关于提请审议国务院机构改革方案的议案建议，要改革国税地税征管体制，将省级和省级以下国税地税机构合并，具体承担所辖区域内各项税收、非税收入征管等职责。国地税合并的原因包括：为纳税人降低纳税成本；减少国税、地税因两套系统造成的重复工作，成本增加；国税、地税两套机构分设的历史任务已经完成，中央财政收入占比约45%，宏观调控能力增强。

（三）调整中央和地方政府间财政关系

1. 健全民族地区财政转移支付制度

2000年，为配合西部大开发战略，支持民族地区发展，中央实施了民族地区转移支付。资金来源分两部分：一是2000年中央专项安排10亿元，以后每年按上年中央分享的增值税收入增长率递增；二是八个民族省区及非民族省区民族自治州上划中央增值税环比增量80%部分的一半，即40%按来源地返还。2000~2006年，中央分别下达自治区民族地区转移支付资金4.61亿元、6.02亿元、7.51亿元、1.02亿元、16.05亿元、28.67亿元和24.08亿元。为调动各地发展经济，增加收入的积极性。

2. 财政事权和支出责任划分改革

1994年奠定的分税制体系激发了地方政府的竞争活力，增强了中央政府的财力和运用财政政策的能力，同时使我国税收制度和财政管理体制向市场经济方向迈了一大步。但分税制改革没有做到事权与财权的科学统一，地方政府对缺乏自主权反应强烈。基于这一原因，国务院分别于2016年、2018年颁布文件，推

---

① 张宁锐. 委员联名吁完善"营改增"后地方税体系，适度共享税地方分成[R]. 手机中国网，百家号03-0515：51. https://baijiahao.baidu.com/s?id=1594083264768410156&wfr=spider&for=pc.

进中央与地方财权事权和支出责任划分改革。

（1）颁布改革指导意见。2016年国务院颁发的《国务院关于推进中央与地方财政事权和支出责任划分改革的指导意见》（国发〔2016〕49号）中提到：合理划分中央与地方财政事权和支出责任是政府有效提供基本公共服务的前提和保障，是建立现代财政制度的重要内容，是推进国家治理体系和治理能力现代化的客观需要。

改革的主要内容包括：推进中央与地方财政事权划分。适度加强中央的财政事权，保障地方履行财政事权，减少并规范中央与地方共同财政事权建立财政事权划分动态调整机制。完善中央与地方支出责任划分。中央的财政事权由中央承担支出责任，地方的财政事权由地方承担支出责任，中央与地方共同财政事权按区分情况划分支出责任。加快省以下财政事权和支出责任划分。省级政府要参照中央做法，结合当地实际，按照财政事权划分原则合理确定省以下政府间财政事权。

国务院2016年发布的"49号文"开启了央地事权划分改革，规划了改革思路和方向，即财政事权划分由中央决定，适度加强中央的财政事权，以法律法规将划分规范确定下来，对下一步的改革提出了方向性、框架性的指导意见。并且提出，要在2017~2018年争取在教育、医疗卫生、环境保护、交通运输等基本公共服务领域取得突破性进展，要在2019~2010年基本完成主要领域改革，形成中央与地方财政事权和支出责任划分的清晰框架。

（2）医疗卫生领域的财政事权和支出责任划分改革。医疗卫生是关乎民生的大事，我国医疗卫生领域中央与地方财政事权和支出责任划分的体系框架不够完善，存在体系不够完整，系统不够规范，财权事权划分不明确，财政资金使用效益不高的问题。2018年7月19日，国务院办公厅印发《医疗卫生领域中央与地方财政事权和支出责任划分改革方案》（国办发〔2018〕67号，以下简称《方案》），自2019年1月1日起实施。该《方案》明确了从公共卫生、医疗保障、计划生育、能力建设四个方面划分医疗卫生领域中央与地方财政事权和支出责任。

主要内容包括：对现行划分较为科学合理且行之有效的事项，予以确认；对现行划分不尽合理且改革条件成熟的事项，进行改革调整；对改革条件尚不具备的事项，暂时延续现行划分格局，并根据相关领域体制机制改革进展情况及时做相应调整。以全国性或跨区域的公共卫生服务为重点，适度加强中央财政事权和支出责任；属于中央与地方共同财政事权的，由中央统一制定国家基础标准或提出原则要求；统筹推进项目优化整合，提高财政资金使用效益。

（3）基本公共服务领域央地财政事权和支出责任划分改革。2018年2月8日，国务院印发《基本公共服务领域中央与地方共同财政事权和支出责任划分改革方案的通知》（以下简称《通知》），将涉及人民群众基本生活和发展需要、现有管理体制和政策比较清晰、由中央与地方共同承担支出责任、以人员或家庭为补助对象或分配依据、需要优先和重点保障的主要基本公共服务事项，首先纳入中央与地方共同财政事权范围。

此次改革的主要内容包括：将由中央与地方共同承担支出责任、涉及人民群众基本生活和发展需要的义务教育、学生资助、基本就业服务等基本公共服务事项，列入中央与地方共同财政事权范围；制定基本公共服务保障国家基础标准，参照现行财政保障或中央补助标准，制定义务教育公用经费保障、免费提供教科书、中等职业教育国家助学金、城乡居民基本养老保险补助等9项基本公共服务保障的国家基础标准；规范基本公共服务领域中央与地方共同财政事权的支出责任分担方式，主要实行中央与地方按比例分担；在一般性转移支付下设立共同财政事权分类分档转移支付，对共同财政事权基本公共服务事项予以优先保障。

第二节　自治区以下财政关系的变迁

国家财政体制的变化必然影响到中央与内蒙古自治区、内蒙古自治区与辖下盟市之间的财政关系。改革开放以来，自治区随中央共同经历了由高度集中的统一收支管理体制逐步转向中央统一领导、分级管理体制的过程。

一、改革开放初期自治区以下财政关系（1978~1980年）

1978~1980年，国家虽然实行了改革开放，但依然延续了"定收定支、收支挂钩、总额分成、一年一定"的预算管理体制。自治区财政也相应对盟市实行与中央相同的预算管理体制，将固定比例分成留给盟市。对财力较好的呼和浩特市、包头市、乌海市由原来执行超收全留，改为按比例留成，呼和浩特市、包头

第四章 改革开放40年内蒙古自治区财政体制的变迁

市留成60%，乌海市留成70%。自治区财政局和自治区民委还提出5%的民族机动金，按上年实际决算计算核定，不做扣除；进一步明确5%的民族机动金的使用范围；给予民族自治地方预算收支调剂权，在开支标准定员定额方面，自治区有权结合本地实际自行制定补充规定。实行这样的财政管理体制，目的是充分调动各级财政的增收积极性。

随着中央对经济管理体制逐步进行的全面改革，内蒙古自治区根据中央这次改革的基本原则，按照经济管理体制规定的隶属关系，明确划分中央和地方的财政收支范围等政策，自治区结合自身的具体情况，对自治区与盟市的收支范围也进行了相应的调整与划分。

（一）收入方面

自治区级收入包括自治区级企业收入事业收入和其他收入，吉兰太和雅布赖盐场的盐税收入；盟市级收入包括盟市以下地方企业事业收入，其他收入、工商税收、盐税、农牧业税。

（二）支出方面

自治区和盟市财政支出基本上按照财权与事权相结合的原则，属于哪一级兴建事业单位，支出就列入哪一级财权。对于一部分不适宜包干的项目，则统一由自治区掌握，作为专项拨款，对盟市追加支出预算。这主要包括：国家和自治区投资的新投企业流动资金、人民防空经费、抗震加固经费、打井补助费、5%民族机动费、少数民族地区补助费、边境建设事业补助费、特大自然灾害、特大抗旱防汛经费、支援不发达地区发展资金、军工动员措施费和新产品试制费等。

同时，自治区还上划了一部分企业亏损，包括粮食企业亏损、粮油差价补贴、商业二级站和食品公司的亏损、小化肥补贴等；同时将通辽师范学院、哲里木盟医学院、哲里木盟畜牧学院等事业单位下划盟市管理。

二、财政包干阶段（1980～1993年）

这一时期，自治区通过深化财税体制改革，国民经济经过调整完善、整顿提高，开始走向稳步发展阶段，财政收入稳步提升。1980～1982年的财政体制"分灶吃饭"改革，扩大了地方政府的经济资源支配能力；1983～1987年的两步利改税打破了长期以来国营企业吃国家"大锅饭"的局面，比较好地处理了国家、企业和职工个人三者的利益关系①；1987~1993 的承包经营责任制调动了企业的积极性，增强了企业自我积累能力，逐渐确立了企业在市场经济中的法人主体地位。

1980~1993 年，国家及自治区在财政管理体制方面进行的改革，使地方政府在财政预算管理上取得了较以往更多的权力，打破了过去过分集中的状况。中央对自治区、自治区对盟市和旗县财政管理体制的改革变化，有两个最基本的特点：一是构成财政管理体制改革的变化总趋势为财权、财力由高度集中逐步向适度分散转变。其间，虽然在某个特定时期或以相对集中为主或以相对分散为主，有一些反复，但从总体上看，由"高度集中"逐步向"适度分散"转变这一总的发展趋势是非常明显的②。这一时期的财政管理体制改革，使自治区在财政预算管理上取得了较以往更多的权力，打破了过去财权高度集中的状况，渐渐地调动起地方的积极性，地方各级政府、企业、部门获得了更大的自主权，这一时期自治区经济获得了快速发展。二是无论实行相对集中还是实行相对分散的财政管理体制，中央和地方政府在指导思想和具体操作上，均考虑了少数民族地区的地区特点、民族特点和经济文化特点。因此，对少数民族地区给予了一定的优惠照顾，基本上体现了党的民族政策。

（一）预算管理体制由高度集中逐步向适度分散转变

财权、财力的适度分散有利于贯彻"统一领导、分级管理"的原则。中央和省（直辖市、自治区）两级应当有必要的经济管理权力，并适当集中财力，以实施宏观经济调控，保证关系社会经济全局的重点支出需要，但是集权和集中必须有度。不能因中央或自治区财政的暂时困难，就否定适度分散的必要性。要把适当集中与适度分散结合起来，发挥中央和地方两个积极性。"分灶吃饭"的财政管理体制，财权和财力有所分散，但这种分散不仅没有加剧中央财政的困难，相反却促使地方各级政府千方百计挖掘内部潜力，开源节流，增收节支努力摆脱财政困境，直接或间接地承担并缓解了中央财政的困难。

1980 年，中央对地方实行"划分收支，分级包干"的体制，比较明确地划分了中央和地方的收支范围及权限与责任，实行权责结合，"分灶吃饭"。在中

---

① 王拥军. 新中国的工商税收三 [M]. 学苑音像出版社，2004.
② 史生荣，王德. 做大财政"蛋糕"实现历史跨越——内蒙古财政改革80年回顾 [J]. 北方经济，2008（19）：22-27.

央对自治区实行"划分收支,定额补助,自求平衡,一定五年"体制的情况下,自治区对盟市也实行了逐级包干、"分灶吃饭"的财政管理体制,较大幅度地下放了财权、财力,增强了盟市、旗县的自主权,可以说这是财权由过度集权向适度分权、财力由过度集中向适度分散的一次重要转折,标志着财政管理体制改革进入了一个新的历史时期。1985 年,中央对地方又实行了"划分税种、核定收支、分级包干"的管理体制,自治区对盟市的体制也进行了较大改革,改革的重点是在继续坚持"统一领导,分级管理"原则和"分灶吃饭"的前提下,进一步贯彻简政放权的要求,适当地扩大了盟市的财权,增加了盟市的财力。1987 年,在中央取消对民族地区定额补助每年递增 10% 并将借款改为调整基数的情况下,自治区考虑到盟市和部分旗县财政比较困难的实际,将自治区直属企业缴纳的部分税收下划盟市管理,作为盟市、旗县级预算收入,并对部分经济条件差、收入水平低、承担新增支因素有困难的旗县以及三个少数民族自治旗和少数民族人口占 65% 以上的旗县给予适当照顾,增加了定额补助。与此同时,还下放了部分专款的管理权限。由于实行新的财政体制,盟市、旗县的财力增加了,自主权扩大了。

总之,从这一时期财政管理体制的演变进程看,随着中央对自治区财权、财力的逐步扩大,自治区对盟市的财权、财力也在逐步扩大。

(二) 对民族地区的适当照顾

从 1980 年起,中央对少数民族地区除将以前给予的照顾纳入包干范围外,又给予了两项照顾。一是对民族自治地区的补助数额由一年一定改为一定五年不变,五年内收入增加部分全部留给地方;二是对民族自治地区的定额补助,每年递增 10%。从 1985 年起,全国实行新的财政管理体制,对少数民族地区的特殊照顾仍然未变。自治区对三个民族自治旗、十三个民族乡每年予以一定数额的补助,连同用 5% 民族机动金安排的对少数民族自治旗、牧业旗和半农半牧旗的补助等,均列入有关盟市的包干基数[①]。

1985 年 6 月,内蒙古自治区人民政府颁发《内蒙古自治区关于实行新的"划分收支、分级包干"财政管理体制的规定》,决定从 1985 年起,自治区对盟市一律实行新的"划分收支、分级包干"财政管理体制。具体采取两种方式:

---

① 安锦. 内蒙古财政体制改革的制度经济学分析 [J]. 经济论坛,2010 (2):108-110.

对收大于支的呼和浩特市、包头市、乌海市三市实行"核定收支、定额上解、超收留用、自求平衡、一定五年"的财政管理体制。对支大于收的呼伦贝尔盟、兴安盟、哲里木盟、锡林郭勒盟、乌兰察布盟、伊克昭盟、巴彦淖尔盟、阿拉善盟和赤峰市九个盟市实行"核定收支、定额补助、超收留用、自求平衡、一定五年"的财政管理体制①。

从1987年起,增加了对莫力达瓦、鄂温克自治旗的补助。同时,对少数民族人口比较集中（占65%以上）的旗县也增加了一块补助,并打入包干基数②。总之,中央和自治区在确定少数民族地区的财政管理体制时,都十分注意少数民族地区的特殊需要,并在财政管理权限和财力上给予了特殊的照顾。这不仅促进了少数民族地区的经济和文化建设事业发展,更重要的是体现了党的民族政策。

三、分税制改革（1994～2000年）

（一）内蒙古自治区分税制体制配套改革的实施及运行

在国家进行分税制体制改革后,中央与地方的财政分配关系以及收入结构发生了很大的变化,需要自治区相应进行配改革,1994年4月21日《内蒙古自治区人民政府关于实施分税制深化财政管理体制管改革有关问题的决定》（内政发〔1994〕58号）规定,从1994年1月1日起,对地方财政包干体制进行改革,在执行国务院统一政策的基础上,建立地方分税制财政管理体制。

内蒙古自治区分税制配套改革的指导思想是：在继续坚持"统一政策,分级管理"的原则下,进一步明确各级财政的权利和责任,充分调动自治区和盟市发展经济、增收节支的积极性；在基本维持各地区原有既得利益的基础上,适当增加自治区政府的宏观调控能力；适当调整地区间的收入差距,缓解部分旗县的财政困难。

具体规定：一是以1993年为基数,从1994年起,对资源税增量部分实行自治区与盟市"五五"分成。自治区分成部分,主要用于增强自治区政府宏观调控能力,平衡地区差距。二是从1994年起,对盟市上划"两税"收入每年中央财政返还的增量部分,自治区与呼和浩特、包头两市"七三"比例分成,与其

---

① 唐斧,崔更发. 内蒙古自治区志·财政志[M]. 中国财政经济出版社,2007.
② 安锦. 内蒙古财政体制改革的制度经济学分析[J]. 经济论坛,2010（2）:108-110.

他盟市按"五五"比例分成。三是对近几年自治区集中投资兴建的一些重点建设项目实现的税收，自治区要按适当比例参与分成，但要与中央返还的增量分成相抵扣，避免重复计算、重复分成。四是对呼和浩特炼油厂和钢铁厂增值税留归地方25%部分，全部作为自治区级固定收入，直接缴入自治区级金库，其他各项收入作为呼和浩特市固定收入。五是对自治区电力总公司集中缴纳的增值税中留地方25%的部分，和自治区直属部门、单位兴办的各种经济实体所缴纳的税费，全部作为自治区级固定收入。

按照上述规定调整以后，以事权与财权结合为准则在全区推行分税制，合理确定各级财政支出、财税征管范围；将原属自治区本级财政税收中适合盟市征管的部分下划盟市管理，进一步明确事权与责任。

（二）内蒙古自治区各级财政收支范围的划分情况

1. 按税制划分地方各级财政收入

自治区级的财政固定收入包括：自治区境内各银行（含地方银行、保险公司及非银行金融企业）的营业税、城市维护建设税和教育费附加、内蒙古自治区电力总公司集中缴纳的增值税的25%部分，呼和浩特炼油厂、钢铁厂增值税的25%部分、自治区直属企业纳的所得税和利润、自治区直属部门和单位兴办的各类经济实体缴纳的税费以及其他收入等。

盟市财政固定收入包括：增值税25%部分（不含内蒙古自治区电力总公司集中缴纳的增值税及呼和浩特炼油厂、钢铁厂增值税），营业税（不含银行、保险公司及非银行金融企业营业税），盟市及盟市以下企业所得税、上缴利润、个人所得税、城镇土地使用税、固定资产投资方向调节税、城市维护建设税（不含银行、保险公司及非银行金融企业集中缴纳部分）、房产税、车船税、印花税、农牧业税、农业特产税、耕地占用税、契税、遗产税和赠予税、筵席税、土地增值税、国有土地有偿使用收入、专款收入以及其他收入等。

自治区与盟市财政共享收入包括：资源税，以1993年实际收入数为基数，对增量部分自治区与盟市各分享50%；自治区集中投资兴建的重点项目、建成投产后实现的增值税25%部分及营业税。

2. 各级财政支出按自治区与盟市的事权范围划分

自治区负担的财政支出：自治区级行政管理费；自治区本级负担的公检法支出和直属部门或单位的各项事业费支出；自治区统管的用于重要基础设施和公

益设施方面的基本建设投资；自治区直属企业的技术改造和新产品试制费、简易建筑费；自治区安排的支援农牧业生产支出；由自治区本级财政负担的债务支出。

盟市负担的财政支出：盟市、旗县行政管理费、公检法支出；盟市、旗县负担的各项事业费支出；由盟市、旗县安排的支援农牧业生产支出、抚恤和社会福利救济支出、城市维护建设支出、价格补贴支出；由盟市、旗县级财政负担的债务支出；盟市在保证各种经常性开支需要的基础上自筹的基础设施和公益设施基本建设投资以及其他支出。

3. 自治区级财政对盟市税收返还数额的确定

自治区财政对盟市税收返还数额，以1993年为基期年核定。按照1993年各盟市实际收入以及分税制改革后中央、自治区与盟市收入划分情况，核定1993年各盟市净上划中央的收入数额（即消费税 + 增值税75%部分 - 中央下划收入）。1993年各盟市净上划中央收入由自治区全额返还各盟市（扣除原体制规定的自治区应得部分），保证各盟原有的既得财力，并以此作为自治区对盟市税收返还的基数。

1994年以后，税收返还在1993年基数上逐年递增，递增率按中央对自治区税收返还增长率的1∶0.3和1∶0.5系数确定。即以中央财政返还自治区的税收增量为实际增量，计算全区增值税和消费税的平均增长率，全区每平均增长1%，自治区财政对呼和浩特市、包头市两市的税收返还增长0.3%，对其他盟市的税收返还增长0.5%。若1994年以后，净上划中央的收入达不到1993年基数，则相应扣减税收返还数额。

4. 原财政体制自治区补助、盟市上解以及有关结算事项的处理

实行分税制财政体制以后，原体制的分配格局暂维持不变，过渡时期再逐步规范化。自治区对支出大于收入地区的定额补助、调整完善财政体制补助及收入大于支出地区的定额上解等继续按原定执行。各盟市1993年承担的外贸企业出口退税20%部分以及以年度结算的上解和补助项目相抵后，确定一个数额，作为一般上解或一般补助处理，以后年度按此定额进行结算。

5. 其他政策规定

资源税作为自治区与盟市财政共享收入后，暂维持原缴库办法不变，自治区分享部分，平时就地缴入盟市、旗县金库，待年终结算时，由盟市专项上解自治

区财政。内蒙古电力总公司集中纳增值税、呼和浩特市炼油和钢铁厂增值税的25%部分以及自治区直属部门和单位兴办经济实体缴纳的税费，均作为自治区级固定收入，就地缴入自治区级金库。

关于满洲里市、二连浩特市财政计划单列问题。实行分税制体制后，自治区继续对满洲里市、二连浩特市财政实行计划单列。有关财政体制、预算管理和会计核算等事宜，均由自治区统一办理。

实行分税制体制后，必须严格执行国家及自治区对地方财政收支范围和收支项目的规定，不得任意采取减收增支措施，提高开支标准和扩大开支范围。凡属于涉及财政减收增支措施，都要由自治区统一制定，各地区、各部门均不得自行其是。

按照事权与财权相统一的原则，自治区将逐步规范各级政府的事权与财权范围，对一些属于盟市、旗县政府事权范围内，应由盟市、旗县政府安排而目前仍由自治区安排的财政支出项目，将逐步予以取消；对一些属于自治区政府事权范围，应由自治区安排的支出项目，也不再要求盟市、旗县承担。对某些属于上下相互交叉的事权与财权，要根据政治体制和行政管理体制改革的要求，逐步划清归属。

实行分税制体制后，要合理调整财政支出结构，逐步建立适应社会主义市场经济发展要求的公共财政体系。在财政支出的安排上，应当先保证各级政府政权机关正常运转和各项事业发展所必需的开支。在保证政府经常性开支需要的基础上，各项建设性支出的重点逐步转向能促进地区经济长期发展的公共基础设施领域，对一般的经常性、竞争性项目，各级财政不再承担投资，把这部分投资项目逐步推向市场，通过地区、企业自筹、银行贷款、引资等渠道解决。

（三）内蒙古分税制体制配套改革的运行

1. 税收返还基数的核定情况

根据1993年内蒙古自治区实际收入和税制改革后中央与地方收入划分情况，中央财政核定内蒙古自治区1993年税收返还基数为283237万元（财政部财地字〔1994〕第159号）。其中，内蒙古自治区上划中央收入298370万元，中央下划收入153133万元，上下划收入相抵后，内蒙古自治区净上划中央收入283237万元，按照分税制的规定，以此作为中央对内蒙古自治区的税收返还基数。1994年9月和1995年2月，自治区财政厅分别以内财预字〔1994〕第740号和内财预字〔1995〕第74号文件对各盟市的税收返还基数做出核定。

2. 增值税和消费税增长目标的完成情况

在1993年全国增值税和消费税（简称"两税"）基数较高的基础上，国家为了保证当年中央财政收入，特别是"两税"的必要增长，同时也为了把一些地方靠弄虚作假增加的收入基数扣减掉，决定1994年其全国"两税"增长速度必须达到1993年增幅的1/3。依此计算，国家核定内蒙古自治区的"两税增长目标为20%"。1994年内蒙古自治区完成上划中央"两税"金额31.8亿元，完成国家核定任务的89.7%，比1993年增长6%，完成了上划"两税"基数，但未能完成国家核定的增长目标。从地区来看，乌兰察布盟和巴彦淖尔盟完成了自治区核定的增长目标、其他地区仅完成了上划中央"两税"基数。按照国务院的规定，因未能完成增长目标，国家一次性扣减内蒙古自治区"两税"返还数额24亿元。自治区相应一次性扣减未能完成增长目标的盟市的"两税"返还数额，同时对完成增长目标的三个盟给予一次性奖励。

3. 预算资金调度比例的核定情况

按照分税制财政体制的规定，以中央财政核定的税收返还数额占消费税和增值税75%的比例，作为该地区的"资金调度比例"。1994年，财政部核定内蒙古自治区的预算资金调度比例为88%。自治区逐级核定了各盟市和旗县的资金调度比例，由旗县金库按核定的比例每日从中央金库实际收到的消费税和增值税75%部分的收入中，划转到地方金库。

4. 财政体制上解和补助情况

实行分税制财政体制以后，原体制确定的上解和补助保持不变。即上解地区按包干制财政体制确定的上解数额继续上解，对享受补助地区按包干制财政体制确定的补助数额继续予以补助。

5. 财政结算情况

实行分税制财政体制后，中央财政与地方财政年终结算事项发生了较大变化。从1994年起，财政部对中央与地方财政年终结算办法进行了改革，制定了《1994年中央财政与地方财政结算办法》。内蒙古自治区比照财政部的结算办法，对自治区财政与盟市财政的年终结算办法进行了改革。为了减少结算事项，简化手续，对于一些结算多年且数额比较固定的项目，将补助和上解数额相抵后，确定一个数额作为一般上解或一般补助处理，实行定额结算；对需要继续结算的项目予以保留；对一些分税制改革后无须结算的项目予以取消。另外，根据预算管理的需要，新增了若干结算项目。1994年自治区财政与盟市财政年终单独结算项目由原来的32个减少到14个。

（四）内蒙古自治区分税制体制配套改革的调整与完善

1995年以后，自治区政府针对一些旗县财政困难进一步加剧的情况，对分税制财政管理体制进行了调整与完善。

1. 着眼于解决旗县财政困难问题，适当调整财政管理体制

1995年，针对各地区财力不平衡矛盾日益突出，一些旗县财政困难进一步加剧的情况，自治区在实施分税制财政体制的基础上，对原体制进行适当调整，不涉及税收返还和收支范围划分。即调增呼和浩特市对自治区的体制上解2000万元，调增包头市对自治区的体制上解10000万元，考虑到包头市财政存在的实际困难，1995年暂增加上解8000万元。通过增加呼包两市体制上解、资源税增量分成，上划中央"两税"增量返还分成等几个渠道，自治区财政共筹措资金2.8亿元，并将这部分资金全部补助到63个财政困难旗县，用于弥补工资和机关正常运转经费缺口。

2. 根据区划变动情况，调整相关盟市的财政体制

1995年，自治区政府决定将和林格尔县由乌兰察布盟划归呼和浩特市管辖后，有关体制问题调整如下：一是乌兰察布盟原先对和林格尔县的财政体制补助793万元，全数划转呼和浩特市，内蒙古自治区相应核减对乌兰察布盟的财政体制补助793万元，核减呼和浩特市对自治区的体制上解793万元。二是和林格尔县1994年税收返还基数246万元，从1995年起由乌兰察布盟划转呼和浩特市，相应增加呼和浩特市税收返还基数246万元，核减自治区对乌兰察布盟税收返还基数246万元。三是原和林格尔县通过乌兰察布盟上划自治区地税局直接管理的农税人员经费24万元，改由呼和浩特市上划自治区，相应核减乌兰察布盟上划农税人员经费24万元，增加呼和浩特市上划农税人员经费24万元。

1996年，自治区政府决定将清水河县、武川县由乌兰察布盟划归呼和浩特市管辖，达茂旗划归包头市管辖后，有关体制问题调整如下：一是将三旗县原体制补助共计2711万元（其中：武川县961万元，清水河县840万元，达茂旗910万元）全部留归乌兰察布盟。二是将三旗县上解自治区定额结算资金12万元（其中：武川县3万元，清水河县5万元，达茂旗4万元）仍由乌兰察布盟承担。

三是将1995年的税收返还基数，三旗县共1108万元，相互进行了划转。其中：武川县242万元，清水河县483万元，由乌兰察布盟划转呼和浩特市，相应调减乌兰察布盟基数725万元，调增呼和浩特市基数725万元；达茂旗基数383万元，划转包头市，相应调减乌兰察布盟基数383万元，调增包头市基数383万元。四是从1996年起，将清水河县上划国税人员经费27万元，达茂旗8万元，调增到呼和浩特市和包头市，相应调减乌兰察布盟上划基数35万元。

3. 进一步调整完善地方税制，对预算进行专项管理

1996年，自治区根据国家改革完善地方税制的总体方向，在税制赋予的权限内，对地方税中的八个税种（城镇土地使用税、资源税、耕地占用税、房产税、车船使用税、牧业税、农业特产税、农业税）共39个税目、税率、税额和计税依据进行了适度调整。调整后，新增农牧业税收入的70%用来增加对农业基础设施建设的投入和充实农业发展基金，30%用于农村牧区的社会公益事业，由各级财政纳入预算，进行专项管理。

四、"后分税制时代"自治区的财政体制改革（2000年至今）

（一）健全转移支付制度

1. 一般性转移支付

2000年，自治区在当时条件范围内，从对盟市、旗县进行有限的转移支付逐步向实行规范的转移支付靠拢。由于属于过渡性质，称为"过渡性转移支付"。2001年，中央下达转移支付资金7.9亿元，自治区下达转移支付49亿元，对调节盟市间财力差距起到一定的作用。

2001年，自治区对下达转移支付主要是在分配办法上做了一些调整，包括：①在计算标准财政收入时，标准财政收入中各税种标准收入，采用"基数加增长"及平均数的办法计算确定。行政性收费、罚没收入按上年决算数的一定比例计算。其他各项收入（不含专项收入）按上年决算数确定。②标准财政供养人员中在职人员按编制部门提供的编制数确定，超编人员不予考虑，离退休人员按人事部门统计的发放工资人数确定。③标准财政支出进一步细化，分为行政和公检法支出、教育支出、农牧林及其他部门支出、离退休经费、支援农牧业支出、社保支出、城市维护费支出。④增加了边境转移支付和市镇居民肉食价格补贴内容。2001年，中央下达自治区转移支付资金12.17亿元，自治区对下转移支付

7.48亿元。

2002～2007年，内蒙古自治区对盟市的一般性转移支付主要是借鉴了中央的做法，结合了自治区实际，并在中央的支持下，加大了对盟市的转移支付力度。2002～2007年，中央分别下达自治区转移支付资金19.98亿元、24.84亿元、41.13亿元、54.08亿元、70.77亿元和106.46亿元。2002～2007年，内蒙古自治区分别下达盟市转移支付资金1.5亿元、13.67亿元、222亿元、27.63亿元、44.04亿元和81.23亿元。加大对财政困难旗县、边境旗县、少数民族聚居旗县和革命老区旗县的一般转移支付力度，改善了财力薄弱地区基础设施条件。认真落实中央缓解县乡财政困难奖补政策，内蒙古自治区出台的"七奖二补"政策。2011年，内蒙古自治区对兴安盟、乌兰察布市等财政困难地区实行了特殊资金扶持政策。2012年，内蒙古自治区财政下达盟市补助收入1517.7亿元，较2011年增加188.4亿元，增长14.2%。其中，返还性收入和一般性转移支付783.3亿元，较2011年增加109.3亿元；各类专项转移支付734.4亿元，较上年增加79.1亿元。

2. 民族地区转移支付

2000年，为配合西部大开发战略，支持民族地区发展，中央实施了民族地区转移支付。资金来源分为两部分：一是2000年中央专项安排10亿元，以后每年按上年中央分享的增值税收入增长率递增；二是8个民族省区及非民族省区的民族自治州的上划中央增值税环比增量的80%部分的一半，即40%按来源地返还。2000～2006年，中央分别下达自治区民族地区转移支付资金4.61亿元、6.02亿元、7.51亿元、1.02亿元、16.05亿元、28.67亿元和24.08亿元。为调动各地发展经济，增加收入的积极性，2000～2003年，自治区对盟市的民族地区转移支付，按各盟市增值税环比增量的80%计算返还，其中超过中央按40%返还自治区的部分占用了中央按客观因素分配部分。2004年以后，随着自治区经济快速发展，增值税增加较多，财政状况也有所好转，中央下达自治区民族地区的转移支付资金中按增值税增量返还部分所占比重逐年增加，按客观因素分配部分逐年下降，由于中央对自治区按客观因素分配部分难以负担自治区对盟市增加返还的另外40%部分。自治区取消了对盟市的按客观因素分配部分，对盟市的增值税增量返还确定为45%。2000～2005年，自治区分别下达盟市民族地区转移支付4.11亿元、4.85亿元、6.13亿元、8.6亿元、13.98亿元和24.23亿元①。2006年，考虑民族地区转移支付与自治区建立的激励性转移支付性质相近，自治区将中央的民族地区转移支付并入激励性转移支付中。

3. 缓解县乡财政困难的转移支付

财政部于2005年5月8日下发《关于印发〈2005年中央财政对地方缓解县乡财政困难奖励和补助办法〉的通知》（财预〔2005〕77号），针对县乡财政困难转移状况，国务院决定，从2005年开始，采取综合性措施，争取用三年左右的时间，使县乡财政困难状况得到较大缓解，中央对地方实行"三奖一补"。即对财政困难县增加税收收入和省市级增加对财政困难县财力性转移支付给予奖励；对县乡精简机构和人员给予奖励；对产粮大县给予奖励；对以前缓解县乡财政苦难工作做得好的地区给予补助。2005年中央补助自治区7.1亿元，2006年补助116亿元。2007年，中央将"三奖一补"调整为：对调节县级财力差距给予奖励；对县乡政府精简机构、人员以及提高重点支出保障水平给予奖励、对产粮大县给予奖励；对以前县乡缓解对财政困难工作做得好的地区给予补助，补助自治区18.5亿元。

为进一步缓解旗县财政困难，2005年，自治区结合实际，将中央的"三奖一补"办法细化充实为"七奖二补"，即对2004年财政困难旗县增加税收收入和财力性转移支付、撤并苏木乡镇、财政供养人员控制有力、分流财政供养人员和税收收入占一般预算收入比重提高的旗县给予奖励。同时，对2000～2003年撤并苏木乡镇和财政供养人员控制有力的旗县给予补助。2005年，除中央补助71亿元外，自治区本级还增加安排3.6亿元，对纳入奖补范围的旗县实施了奖励和补助。

2006年，自治区将税收收入占一般公共预算比重提高奖励并入奖励性转移支付，"七奖三补"改为"六奖二补"，除中央补助116亿元外，自治区本级还增加安排2.2亿元，对纳入奖补范围的旗县实施了奖励和补助。2007年，自治区根据中央精神，结合实际，将"六奖二补"调整为"五奖二补"，即对调节旗县级财力差距、旗县撤并苏木乡镇、旗县精简人员、旗县调高重点支出保障水平、

---

① 内蒙古自治区财政厅. 内蒙古自治区2012年预算执行情况和2013年预算草案的报告［R］. 2013年1月25日在内蒙古自治区第十二届人民代表大会第一次会议上. http：//www.nmg.gov.cn/art/2013/5/29/art_ 1378_ 141977. html.

产粮大县给予奖励。同时，对 2000~2003 年撤并苏木乡镇和财政供养人员控制有力的旗县给予补助，共补助盟市旗县奖补资金 16.2 亿元。

4. 激励性转移支付

2006 年，自治区完善与盟市之间的财政管理体制后，为解决一般性转移支付激励不足的问题，按照简化规定、突出重点的原则，建立了激励性转移支付。主要内容：①对各盟市上划中央增值税和上划自治区五税的环比增量统一按40% 的比例计算共享税增量转移支付。为让利于盟市，自治区在计算各盟市上划中央增值税环比增量时不再扣除增值税的税收返还增量。②为鼓励经济发展快的地区加快发展对上划自治区"五税"环比增速超过自治区平均水平的盟市，每超过 1 个百分点奖励 100 万元。③为引导各地把收入增长的重点放在税收收入上，对当年上划自治区"五税"占财政总收入比重超过上年比重的盟市，每超过 1 个百分点奖励 500 万元。④引导各盟市加强支出管理，合理控制公用经费增长，对上年财政一般预算支出中公用经费环比增速低于全区平均水平的盟市，每低 1 个百分点奖励 50 万元。⑤对激励性转移支付资金的前三项转移支付的分配，采取当年按预计数分配次年清算的办法，即自治区对以各盟市当年决算数据计算的前三项转移支付额与以预计数分配的差额部分，在下年计算转移支付数额时据实予以调增或调减，对后一项转移支付按上年决算数分配。⑥以盟市为单位分配转移支付资金，自治区先下达预算控制数，并要求盟市按照客观、公正的原则，结合实际，将不低于转移支付资金总额 60% 的资金分配到旗县，并将分配结果上报自治区审核，自治区审核同意后下达预算指标，并抄送有关旗县。2006 年在中央下达民族地区转移支付资金 24.1 亿元的基础上，自治区下达各盟市激励性转移支付资金 24.7 亿元。2007 年，考虑到控制公用经费支出增长奖励与中央"三奖一补"政策中的提高重点支出保障水平奖励有一定冲突，自治区取消了激励性转移支付中对控制公用经费支出增长的奖励，在中央下达民族地区转移支付资金 28.4 亿元的基础上，自治区下达各盟市激励性转移支付资金 28.6 亿元。

（二）推进部门预算改革

2000 年启动了以部门为预算管理和绩效评价为重点的部门预算改革，实现"一个部门一本预算"。在预算执行领域，积极推动国库集中支付改革，实现了会计集中核算向国库集中支付的转轨。2001 年启动了财政国库集中收付制度改革，通过国库单一账户进行集中的资金收缴和支付。自治区本级、盟市和旗

（县、市、区）全部实现国库集中支付，从2009年起，自治区本级所有一级预算单位和1260个基层预算单位纳入国库集中支付改革范围，圆满完成国家确定的到2012年年底覆盖各级政府及所有预算单位的工作目标。在支出管理上，1999年启动了政府采购改革，将分散式的政府采购模式改为政府采购机构集中采购。

（三）"营改增"

内蒙古自治区从2013年8月启动营改增试点工作，到2016年5月，试点范围扩大到建筑业、房地产业、金融业和生活服务业，标志着所有征收营业税的行业全部纳入增值税征收范围。2017年3月3日，内蒙古自治区政府发布《内蒙古自治区人民政府关于印发全面推开营改增试点后调整自治区与盟市增值税收入划分过渡方案的通知》（内政发〔2017〕34号），主要内容包括：以2014年为基数核定自治区返还基数；所有行业企业缴纳的增值税均纳入共享范围。地方留成的增值税50%部分，自治区本级分享30%，盟市按税收缴纳地分享70%；自治区上划收入通过税收返还方式给盟市，保证地方既有财力不变；自治区集中的收入增量通过均衡性转移支付等方式分配给地方，加大对老少边穷地区的支持力度；此方案自2017年1月1日起执行。过渡期定为2~3年。

第五章

改革开放40年内蒙古自治区盟市财政运行分析

改革开放40年来，内蒙古自治区政府紧紧抓住财税改革的突破口，全面推进经济体制改革。12盟市的财政经济发展取得了可喜的成绩。但是也应该看到，内蒙古自治区地域辽阔，东西跨度大，中部地区经济社会发展较快，东西部地区相对滞后，地区经济社会发展不平衡的矛盾仍然存在，加强地区间经济社会协调发展，是今后一段时间自治区财政工作的重点。

第一节　改革开放以来的内蒙古自治区盟市经济发展回顾

改革开放 40 年以来，随着撤盟设市和城镇化的推进，内蒙古自治区的城市由少到多，发生了翻天覆地的变化。特别是党的十八大以来，内蒙古自治区认真贯彻落实关于推进新型城镇化建设和城市可持续发展的重大决策部署，城市综合实力显著提高，城市公共服务能力不断完善，城市居民生活水平明显改善。

一、内蒙古自治区盟市经济发展特征

根据党中央、国务院发出《关于恢复内蒙古自治区原行政区划的通知》，从 1979 年 7 月 1 日起将昭乌达盟、哲里木盟、科右前旗、突泉县、呼伦贝尔盟、鄂伦春自治旗、莫力达瓦达斡尔族自治旗、额济纳旗、阿拉善右旗、阿拉善左旗，由辽、吉、黑、甘、宁五省区划回内蒙古自治区管辖。鄂伦春自治旗的加格达奇、松岭两区，仍归黑龙江省领导，原属地权不变，税收归内蒙古自治区。至此内蒙古自治区形成了 12 个盟市的行政建制。自 1983 年开始，先后有 6 个盟市撤盟建市，分别为昭乌达盟——赤峰市、哲理木盟——通辽市、伊克昭盟——鄂尔多斯市、呼伦贝尔盟——呼伦贝尔市、巴彦淖尔盟——巴彦淖尔市、乌兰察布盟——乌兰察布市。到 2003 年，形成 9 个地级市，3 个盟的建制。

党的十八大以来，内蒙古自治区深入实施《内蒙古自治区城镇体系规划（2017～2030 年）》，基本形成以呼包鄂城市群功能片区为引领，以锡赤通城镇带、呼伦贝尔—兴安盟城镇片区、乌海周边城镇片区为中心的，"一核多中心，一带多轴线"城镇发展空间体系，呼包鄂城市群已初具规模。呼包鄂城市群整体竞争力和影响力显著增强，产业分工协作更加合理，基础设施网络初步建成，基本公共服务均等化基本实现，生态环境日益改善，带动以城市群为主体的大中小城市和小城镇协调发展的城镇格局初步形成。城市规模结构更加完善，区域中心城市辐射带动作用更加凸显，改革开放 40 年来，大中小城市数量不断增加。目前全区 20 个设市城市中，有大城市 2 个，中等城市 2 个，小城市 16 个，旗县城关镇 69 个、建制镇 388 个，大中小城市和小城镇协调发展的格局正在形成。

内蒙古地区从经济发展布局出发，可分为三个区域（见表 5-1）：蒙东地区，包括呼伦贝尔市、兴安盟、赤峰市、锡林郭勒盟、通辽市，呼包鄂经济圈以

第五章 改革开放40年内蒙古自治区盟市财政运行分析

中部地区为主,蒙西地区主要包括阿拉善盟、巴彦淖尔市、乌海市。

表5-1 内蒙古自治区12盟市按经济区域划分

	东部	中部	西部
城市	赤峰市	呼和浩特市	阿拉善盟
	通辽市	鄂尔多斯市	巴彦淖尔市
	呼伦贝尔市	包头市	乌海市
	锡林郭勒盟	乌兰察布市	
	兴安盟		

资料来源:根据《内蒙古统计年鉴》(2017年)整理得出。

学术界在区域经济差距方面的共识可以概括为:各区域的经济增长总值、经济增长速度、经济结构等方面的差异。基于分析的全面性与数据的可得性等考虑,本书以GDP总量、GDP增长率、第二产业占GDP的比重、居民人均收入为作为测算指标,统计内蒙古自治区12个盟市2004~2017年上述指标的相关数据,通过对上述统计指标的计量统计,对内蒙古自治区各盟市经济发展水平的差距进行分析。

1. 中部地区经济发展较快

内蒙古中部地区是内蒙古自治区经济发展最快的地区,也是自治区经济发展的主要区域。其中,呼和浩特市作为自治区首府,有着明显优势的金融与人力资本;包头市矿产资源丰富,工业发达,其中白云鄂博大型铁矿是世界罕见的以铁、稀土、铌为主的多金属共生矿,其稀土储量居世界首位,铌储量居全国首位,世界第二位;鄂尔多斯市具有丰富的无机化工原料资源。探明天然气储量6000万吨,食盐1000万吨,芒硝70亿吨,其纯度、结晶度为国内外所罕见。

改革开放以来,随着自治区财力的逐步增强和中央财政对少数民族地区财政的照顾扶持,中部地区财政可用资金不断增加,财政支出亦大幅度增长。

2. 西部地区经济发展次之

西部地区煤炭资源也较为丰富,阿拉善盟已探明的无烟煤达4亿吨,远销海内外。乌海市是一座典型的资源型新型城市,有"乌金之海,塞外煤城"的美誉,煤炭、石灰石、煤系高岭土、石英岩、石英砂、石膏、耐火黏土、硅石、天然气等矿产资源储量极为丰富。坐落在河套平原的巴彦淖尔市,水资源丰富、日照充足，是小麦、玉米、葵花、油菜、甜菜等粮食作物和瓜果等蔬菜的主要产地，并且畜牧产业也较为发达。

3. 东部地区发展有待加强

内蒙古东部地区，草原、林地、各类有色金属较为丰富。呼伦贝尔、通辽、赤峰、兴安盟林地面积较大，其中呼伦贝尔的林地面积占内蒙古自治区全区的80%以上，林业是呼伦贝尔的一个主要产业。兴安盟、赤峰、通辽的农业是其基础性产业。锡林郭勒盟有8700万公顷草原，占全国草原面积的1/3，皮、毛、肉、乳有着比较优势。东部地区占全区面积55.97%，人口占全区总人口50.3%，而经济总量却占比为33.05%；中部地区面积占全区面积的15.72%，人口占全区39.85%，但总量占比将近60%，是西部的6.5倍，是东部的1.7倍；西部地区面积占比28.31%，人口占比9.85%，经济总量占比8.9%。中部和西部的人均GDP均高于全区平均水平78577.85元，而东部地区却低于全区水平。

二、内蒙古自治区盟市经济发展历程

改革开放以来，内蒙古区域经济差距的情况有很大的变化，每个时期都有其区域经济差距的特点。1979年的改革开放为经济发展提供了很好的发展条件，但因为发展基础相对薄弱，内蒙古自治区经济发展水平相对比较低，各旗、县、市区的经济发展水平高低相差不多。这种状况一直持续到了1985年左右，由于东部地区接近东北老工业基地，其建筑业、运输业等生产值迅速增加，虽然包头市也建立了较完整的重型汽车生产体系，但毕竟只是微小的一部分，并不能带动整个西部地区的经济增长，此时内蒙古区域经济差距表现为东（呼伦贝尔市、兴安盟、赤峰市、锡林郭勒盟、通辽市）、西（乌兰察布、包头、呼和浩特、鄂尔多斯、乌海、巴彦淖尔市、阿拉善盟）两个大区域之间的差距，东部地区的经济发展水平比西部地区要高。后来随着西部大开发、京津冀经济圈等区域规划陆续开始实施，内蒙古自治区在这些政策的带动下开始探索区域经济的发展，其中呼和浩特市、包头市、鄂尔多斯市依托资源优势和有力的政策支持，迅速崛起，东部地区的发展速度相对呼和浩特市、包头市、鄂尔多斯市较慢，到1995年，整个内蒙古区域经济差距基本显现出中、西、东三个区域的差距形式，中部发展水平最高，东部次之，西部较落后。

随着这一系列战略的推进，内蒙古自治区经济得到了快速发展，经济增长速

第五章 改革开放40年内蒙古自治区盟市财政运行分析

度多年处于全国前列，但长期的非均衡发展使内蒙古自治区区域内部经济发展也出现了一定的差异，区域经济发展不协调。2017年内蒙古自治区中部地区（呼和浩特市、包头市、鄂尔多斯市、乌兰察布市）人口占全区总人口的39.85%，而GDP占全区的58.04%，财政收入占全区的61.16%，中部比重过高，东部（锡林郭勒盟、呼伦贝尔市、通辽市、赤峰市、兴安盟）和西部（巴彦淖尔市、阿拉善盟、乌海市）比重较低；全区人均GDP为78577.85元，东部为55680元，低于全区水平，而中部为116685.3元，远高于全区水平，西部为96384元，略高于全区水平；中部地区城镇居民人居可支配收入为32002元，高于全区28350元，而东部和西部地区都低于全区水平；农牧民人均纯收入中部为11623元，西部地区为13460元，高于全区水平9976元，而东部地区为9947元，低于全区平均水平。内蒙古自治区东、中、西三地区区域经济差距较为明显，区域差距的过大会导致生产要素流失，导致区域发展动力不足，造成贫困人口偏多，这些都有悖于全面建成小康社会的目标。

从中、东、西三大区域基本形成到现在，国家不断出台各种经济发展政策，给内蒙古自治区的区域经济发展创造了较好的环境。中部地区利用其自然资源禀赋与地理位置优越的优势，加上工业基础雄厚与良好的政策条件，经济飞速增长，渐渐形成一个"增长极"。西部地区不断进行产业的优化升级，近年来注重第二产业的发展，实现了经济的快速增长，其中阿拉善盟利用其毗邻中部"增长极"的区位优势，积极参与中部经济圈的经济发展，乌海市作为煤炭开发的重要基地，正在不断完善其在区域中中心城市的引擎功能。相较之下，东部地区的经济发展则比较落后，增长率也不高，与其他两个区域的绝对经济差距在逐渐拉大。

总体上看，内蒙古自治区的区域经济发展遵循着"东西互补、内外互动"的指导原则，充分发挥了区位资源的比较优势来实现区域间的合理分工。但是这种非均衡的发展策略通过"回流效应"和"扩散效应"，更加加剧了区域间经济发展的不平衡，中部地区越发发达，东、西部地区跟不上其发展的脚步，使区域经济的可持续性发展受到了很大的影响。鄂尔多斯市一体化发展，辐射带动内蒙古自治区西部地区率先发展。加大内蒙古自治区东部地区开发开放力度，进一步融入东北及渤海经济区，主动承接辐射带动和产业转移。优化兴安、赤峰、锡林郭勒等地区的水煤资源配置，有序发展煤电、煤化工、有色金属加工、装备制造、农畜产品深加工等产业。支持革命老区、少数民族聚居区、边境地区、贫困地区的加快发展，对集中连片特殊困难地区实施扶贫攻坚。在加大对东部地区支持力度的同时，建立自治区内部对口帮扶机制，引导西部地区在资金、技术、人才、管理等方面加强对东部地区的帮扶。统筹内蒙古自治区东西部地区发展，加快构建沿黄河、沿交通干线经济带，合理布局生产力，着力提升能源、新型化工、装备制造等产业水平，增强区域实力和竞争力。

第二节 内蒙古自治区盟市经济发展现状

在现阶段，内蒙古自治区的区域经济发展大致表现为，呼、包、鄂金三角组成的中部地区经济发展水平最高，东部、西部欠发达，西部的人均水平较东部好一些，大体上可以表述为"中部突起、两翼滞后"。从理论上来讲，区域内各地区之间存在一定的经济落差与梯度有利于各种生产要素的流动与资源的最优配置，也能促使整个区域综合经济实力的增强。然而，如果一个区域内的经济发展差距过大，整个区域经济持续增长也会受到很大的阻力，甚至可能将单纯的经济问题上升为社会矛盾，最终出现两极分化的现象，从而对社会的稳定秩序产生不利的影响。因此，弄清楚内蒙古自治区现阶段区域经济发展存在差距的状况，探究引致内蒙自自治区各区域经济差距产生的因素，根据其影响因素找出这种差距产生的原因，并提出协调整体经济发展水平的一些建议具有较高的学术价值。

全区国民经济保持了持续快速增长，无论是从经济总量，还是人均水平都大幅度提高，经济实力明显增强，在全国的地位和影响力也明显提高。内蒙古自治区 GDP 增速继续保持自 2002 年以来连续 7 年全国第一，人均 GDP 居全国第 8 位。2010 年 GDP 高达 11672 亿元，跻身"万亿俱乐部"行列。内蒙古地区的综合竞争力也在全国范围内位居前十，领先于西部地区其他省级行政区[1]。虽然内蒙古自治区的经济发展势头良好，但是其各区域间的经济发展差距也在逐渐扩大。

一、各盟市宏观经济总量

改革开放以来，内蒙古自治区各盟市经济都获得了巨大的发展，取得了令人

---

[1] 内蒙古财政年鉴（2012 年）.

瞩目的成就。但与此同时，各区域间经济差距也在不断拉大。呼和浩特、包头、鄂尔多斯"金三角"地区经济快速发展，遥遥领先于其以东、以西各盟市；而呼伦贝尔、赤峰、通辽等东部盟市经济发展速度十分缓慢，远远落后于全区平均水平，与中部及西部地区的城乡收入差距逐渐加大。

内蒙古自治区中部、东部、西部各区域人均 GDP 在这一时段都存在较大的差距。中部地区一直领先其他两个区域，西部地区次于中部地区，而且后来也一直跟进中部地区增长的脚步，东部地区的人均 GDP 增长较平稳，后来与其他两个区域的实际差距越来越大，但相对来讲，差距的比例没有太大的改变。2007～2017 年内蒙古自治区 12 盟市人均国内生产总值如表 5-2 所示。

2017 年，各盟市 GDP 总量最高的是鄂尔多斯市 3579.81 亿元，最低的是阿拉善盟 256.43 亿元，人均 GDP 最高的也是鄂尔多斯市，为 173046 元，阿拉善盟因为人口较少位居第二，为 103399 元，人均 GDP 最低的是兴安盟，为 26052 元。从人均 GDP 来看，鄂尔多斯市是兴安盟的 6.6 倍，地区间差异可见一斑。

表 5-2 内蒙古自治区 12 盟市人均国内生产总值　　　　　　单位：元

	2007 年	2008 年	2009 年	2010 年	2011 年	2012 年	2013 年	2014 年	2015 年	2016 年	2017 年
呼和浩特市	42015	49606	61108	65518	75266	83906	90941	96432	101977	103235	110561
包头市	51564	70004	84979	93441	112372	118320	124586	131464	135107	136021	141776
呼伦贝尔市	18687	23413	28881	36552	45039	52649	56470	60123	63093	64140	46886
兴安盟	8947	11166	13498	16203	19458	23944	25629	28679	31370	32649	26052
通辽市	18952	25402	31147	37489	46166	54019	56955	60499	60091	62424	39078
赤峰市	13470	17242	21037	24967	31121	36070	39126	41232	43247	44936	—
锡林郭勒盟	28691	38569	47019	57727	67584	79105	86790	91210	96366	100073	103696
乌兰察布市	16077	20359	23489	26459	32281	36525	39215	41080	43161	44517	34301
鄂尔多斯市	75021	102128	134361	138109	163014	182680	196728	206303	207682	215488	173046
巴彦淖尔市	19644	25237	29384	36048	43118	47012	49996	51912	53066	54480	43930
乌海市	40130	50036	64147	73801	89830	97617	104420	108512	110036	102725	73085
阿拉善盟	51616	83047	110311	133058	168078	179608	185757	190207	133906	139951	103399

资料来源：根据《内蒙古统计年鉴》及内蒙古自治区统计局调研整理得出。

从表5-2数据可以分析出，内蒙古自治区的中部、东部、西部三个区域人均GDP呈现的特征是中部地区最高，其次是西部和东部。通过近几年的数据分析可以看出，内蒙古自治区东部、中部、西部三个区域的经济增长率整体都是呈现先快后慢的态势，东部地区的增长速度一直都较其他两个地区平稳一些；中部地区开始增长率不断变大，2005年达到最快，后来不断减慢；西部地区同中部地区类似，开始逐年加速，到2007年达到一个顶峰，然后增长速度开始呈现下降的趋势。从各盟市地区生产总值来看，地区间经济发展水平差距悬殊。中部地区呼包鄂三地区生产总值占全区生产总值的56%，如表5-3所示。

表5-3 2017年内蒙古自治区各盟市国内生产总值   单位：亿元

盟市	GDP
鄂尔多斯市	3579.81
包头市	2753.03
呼和浩特市	2743.72
赤峰市	1406.84
通辽市	1222.62
呼伦贝尔市	1185.86
锡林郭勒盟	769.09
巴彦淖尔市	740.14
乌兰察布市	721.18
兴安盟	417.92
乌海市	410.08
阿拉善盟	256.43
合计	16206.72

资料来源：根据《内蒙古统计年鉴》及内蒙古自治区统计局调研整理得出。

从整体上来讲，近年来内蒙古自治区的经济发展良好，增长速度很快，尤其是西部地区的经济增长速度非常快，在2007~2010年达到一个小高峰，中部地区的经济发展一直领先于另外的两个区域。虽然中部、西部地区近年增长速度有所减慢，增长率已经略低于东部地区，但由于基数大，绝对的差异仍在扩大。这一现象说明，"良好的经济基础在地区经济发展中具有积极的推进作用，换言之，经济发达程度相对较高的地区拥有诸多比较优势，能够为助推其经济进一步发展贡献力量"，经济欠发达的地区，例如内蒙古自治区西部地区通过发达地区的带动，加上自身不断努力，也可以有很高的经济增长率，由此跟上发达地区经济发展的脚步。但是西部地区自2014年增长幅度不是很大，这与内蒙古自治区西部地区产业支持政策有关。但该结论整体上与赫希曼的经济非均衡增长理论关于区域间差距的相关理论相符合。

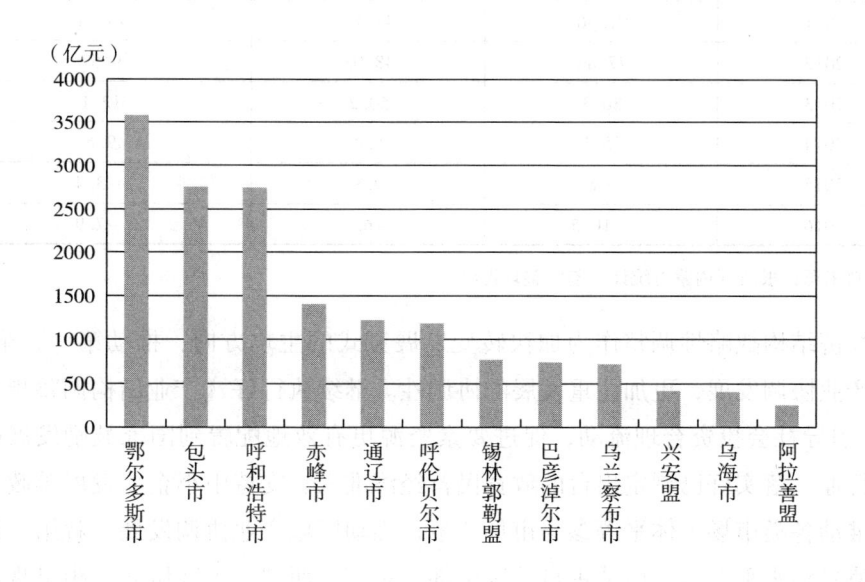

图 5-1　2017 年内蒙古自治区各盟市地区生产总值

二、盟市产业结构的差异

为直接地反映不同区域间同种产业的差距，本书利用三次产业增加值作为度量方法，分析内蒙古自治区中部、东部、西部三个区域三次产业差距情况。具体分析 2005~2016 年内蒙古自治区中部、东部、西部三个区域第一产业增加值的变化情况如表 5-4 所示。

表5-4 内蒙古自治区中部、东部、西部三大区域
第一产业增加值水平 单位:%

年份	东部	中部	西部
2005	27.27	23.17	7.16
2006	85.63	25.76	3.55
2007	76.08	58.07	19.34
2008	23.73	10.12	7.95
2009	97.98	57.81	21.46
2010	111.40	74.15	21.34
2011	91.56	47.18	14.21
2012	77.86	48.03	9.57
2013	80.3	50.2	12.1
2014	25.1	5.4	9.6
2015	9.8	9.8	-3.4
2016	-10.5	-6.1	-7.9

资料来源:根据《内蒙古统计年鉴》整理得出。

经济结构战略性调整作为加快转变发展方式的主攻方向,推动第一、第二、第三产业协调发展,更加注重发展的协调性。继续执行好《产业结构调整指导目录》,引导社会投资合理流动,促进要素资源更有效地配置到国家鼓励发展的领域和行业。落实好已制定出台的放宽民营经济准入、支持中小企业发展等政策措施,推动各类市场主体平等参与市场竞争,推动区域产业协调发展。就第一产业增加值平均水平而言,内蒙古自治区中部、东部、西部三个区域间差距呈现不同的变化趋势,其中东部地区与中部、西部地区间第一产业增加值平均水平的差距逐年增大,一直领先于中部、西部地区,中部地区第二,西部地区最后。在2014年前,东部地区的第一产业增加值一直保持快速增长,在2008~2009年时出现一个缓和,后又有了更快的增长速度;中部地区一直维持着一个较为缓和的增长速度,第一产业的生产值逐年保持增长;西部地区第一产业生产值基本与中部地区保持同比增长,增速较缓和。2014年出现转折,内蒙古自治区第一产业受经济下行压力的影响,增速较缓,甚至没呈现增加趋势。2016年,内蒙古自治区三大地区都呈现下降的趋势,这也与内蒙古自治区产业结构的优化升级调整相符合。

第五章　改革开放40年内蒙古自治区盟市财政运行分析

表5-5　内蒙古自治区中部、东部、西部三大区域第二产业增加值平均水平　　　　单位：%

年份	第二产业			第三产业		
	东部	中部	西部	东部	中部	西部
2005	126.19	362.53	77.83	87.79	238.42	24.56
2006	256.97	463.24	92.30	119.33	460.78	30.55
2007	311.53	858.97	155.29	137.42	430.66	43.26
2008	291.42	707.67	161.31	204.95	732.81	35.97
2009	367.98	650.49	181.74	120.61	462.28	31.20
2010	507.17	965.6	221.29	180.08	618.8	51.11
2011	470.14	445.87	70.51	154.38	642.62	61.97
2012	517.79	251.34	43.73	247.49	599.27	59.19
2013	598.5	307.6	69.3	306.3	625.6	60.3
2014	-64.1	111.2	-187.5	291.84	439.8	80.2
2015	83.2	62.8	-22.8	180.15	478.9	45.78
2016	78.2	127.9	25.8	119.78	375.8	44.88

资料来源：根据《内蒙古统计年鉴》整理得出。

为化解内蒙古自治区产能过剩，内蒙古自治区贯彻《国务院关于化解产能严重过剩矛盾的指导意见》，会同有关部门和地方政府，加强政策引导和组织协调，促进过剩产能有序化解。一是调整和优化生产力布局。综合平衡重点产业发展对资源、能源、市场等方面的外部条件要求，加快调整和优化生产力布局，优化资源配置。二是引导产业转移和承接。充分发挥区域比较优势，推动东部地区加快产业升级，加快形成以先进制造业和现代服务业为主体的产业格局，引导中西部地区充分利用当地特色资源，承接产业转移。三是发展高端制造业。立足于新一轮国际竞争的需要，加快发展高端制造业，推动产业高端化发展。引导企业加快设备更新改造，发展高附加值、市场需求潜力大的新产品。四是稳定和拓展外需。采取有效措施稳定国际市场份额，提高出口产品的科技含量，继续限制高耗能、高污染和低附加值产品出口。2005年之后中部地区第二产业增加值以较高的速度增长，与东、西部地区的差距逐年增大，其差距增幅较为明显，且有进一步扩大的趋势。2014年出现转折，同样也受到经济下行压力的影响。第二产业的结构也呈现优化趋势。

三、各盟市基础设施建设的差异

基础设施包括一个地区的公路、铁道等设施,基础设施建设情况对一个区域经济发展起着不可忽视的作用,俗话说"要致富,先修路",由此可知,加强基础设施建设对于实现经济的快速发展是至关重要的。罗森斯坦认为,发展中国家要想摆脱贫困就必须发展工业,要使工业发展得好,首先必须在基础设施建设方面加大资本的投入力度。一个区域基础设施建设情况直接影响该区域的经济增长状况。本节选择内蒙古自治区中部、东部、西部地区的固定资产投资额来代表该区域基础设施建设的投资力度与基础设施建设的完备情况。

生态建设是内蒙古自治区最大的基础建设,多年来,由于生态建设投入严重不足,多数旗县生态恶化,由此引发的灾害性气象直接威胁着工农业生产。其次,农牧业基础设施建设滞后,抗御自然灾害的能力薄弱。城镇建设进程缓慢,县域内多数城镇道路、交通、通信等基础设施建设历史欠账太多,城镇功能不完善,物流业不发达,信息流不畅,资金流受阻。

表 5-6 内蒙古自治区中部、东部、西部三大区域固定资产投资额 单位:万元

年份	东部	中部	西部
2004	5108400	12640000	2859500
2005	6463672	16305877	3009801
2006	8069990	21302636	3435467
2007	10731770	27629971	4351251
2008	14437895	34168160	5566363
2009	18697618	45678836	8661904
2010	23262838	54848136	9783251
2011	32050414	63812594	11156768
2012	39531007	76730319	12881518
2013	47391084	90094063	15233133
2014	33771375	71206561	12333678
2015	39119420	81712420	14113607
2016	41290949	83966427	12721421

资料来源:通过内蒙古自治区统计年鉴整理得出。

从内蒙古自治中部、东部、西部三个区域人均固定资产投资额的变化趋势（见图5-2）可以看出，中部地区的人均固定资产投资额大于东部、西部两个地区；西部地区的人均固定资产投资额一直略高于东部地区，两者大概同比例增长，2009年有一个小的波动，但不是很明显，2010年又回归原状态。2011年，内蒙古自治区的基础设施建设以中部地区为最好，其次是西部地区，东部地区暂居最后，由此可以得到，就经济发展的基础设施建设支持力度而言，中部地区投入力度最大。

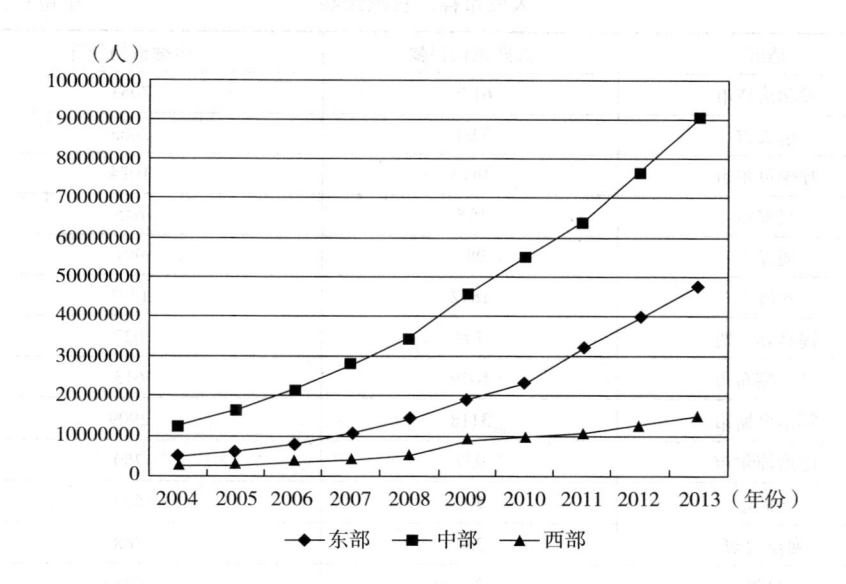

图5-2　内蒙古自治中部、东部、西部三大区域固定资产投资额

四、各盟市金融比例

作为经济发展的命脉，金融业的强弱直接决定了整个地区的经济发展水平。为了了解各盟市金融机构的人民币存款能力，表5-9对各盟市的金融机构存贷款进行统计，具体如表5-7所示。

通过表5-7的经济数据可以看出，各盟市之间的金融机构存贷款所反映的金融产业发展十分不均衡，在12个盟市中，金融产业的三巨头就是以呼包鄂为首的黄金经济圈，占到60%。通过内蒙古统计年鉴中的盟市经济发展数据可以看出，各盟市之间的教育资源分布也极为不均，各盟市生产的产品品种也不均衡，各盟市的农业结构也存在巨大差异，呼和浩特市、包头市和锡林郭勒盟是以畜牧业为主的农业产业，呼伦贝尔市、兴安盟、通辽市、赤峰市是以农业为主的农业生产，而乌兰察布市、鄂尔多斯市、巴彦淖尔市和乌海市是以农业和畜牧业的产业发展为主。

表5-7 内蒙古自治区2016年各盟市金融机构人民币存、贷款余额 单位：亿元

地区	金融机构存款	金融机构贷款
呼和浩特市	6178	7051
包头市	3236	2403
呼伦贝尔市	1473	1074
兴安盟	575	645
通辽市	985	991
赤峰市	1842	1381
锡林郭勒盟	700	627
乌兰察布市	1059	613
鄂尔多斯市	3118	2909
巴彦淖尔市	937	759
乌海市	702	533
阿拉善盟	354	368
总量	21159	19354

资料来源：通过《内蒙古统计年鉴》整理得出。

五、各盟市城乡居民收入水平及差距

从各盟市城乡居民收入水平来看，2017年城镇居民人均可支配收入排前三位的是包头市、鄂尔多斯市、呼和浩特市，均在40000元以上；通辽市、赤峰市、乌兰察布市、巴彦淖尔市、兴安盟位列后五位，均不足30000元。农村居民人均可支配收入最高的是阿拉善盟，达到18186元，乌海市和鄂尔多斯市紧随其后，分别是16821元和16729元；最低的是乌兰察布市和兴安盟，分别是9848元和9242元。

表 5-8　2017 年内蒙古自治区各盟市城乡居民收入水平及差距　　单位：元，%

地区	城镇居民人均可支配收入	农村居民人均可支配收入	城乡居民收入比
呼和浩特市	43518	15710	2.77
包头市	44231	15901	2.78
鄂尔多斯市	43559	16729	2.60
呼伦贝尔市	31195	13581	2.30
兴安盟	26367	9242	2.85
通辽市	29667	12566	2.36
赤峰市	29660	10352	2.87
锡林郭勒盟	35634	14309	2.49
乌兰察布市	28796	9848	2.92
巴彦淖尔市	28308	15704	1.80
乌海市	39400	16821	2.34
阿拉善盟	37585	18186	2.07

资料来源：内蒙古自治区政府网。

2017 年城镇居民人均可支配收入最高的包头市与最低的兴安盟之间相差 17864 元，差距比为 1.68，农牧民人均纯收入最高的阿拉善盟与最低的兴安盟之间相差 8944 元，差距比为 1.97。

从各盟市城乡居民收入差距变化看，不同盟市城乡居民收入间的差距也呈现逐步拉大趋势，2000 年城乡居民收入比最高的为赤峰市，达到 2.72；最低的为锡林郭勒盟，达到 1.89。2017 年最高的为乌兰察布市，城乡居民收入比达到 2.92，最低的为巴彦淖尔市，为 1.80。

第三节　改革开放后内蒙古自治区盟市财政运行比较分析

内蒙古自治区国民经济和社会发展计划执行情况保持着良好的运行状态，全区的生产总值呈现上涨的趋势。自治区的投资增长逐步加快，企业效益大幅度提高，对外贸易大幅增长，城乡居民收入增长稳步提高。全区的财政工作从服务大局、突出重点的角度出发，各项工作都上了一个新的台阶。

一、各盟市财政自给率

2016年,内蒙古自治区12盟市的公共财政预算收支情况如表5-9所示。

表5-9　2016年内蒙古自治区12盟市公共财政预算收支情况　单位:万元

地区	公共财政预算收入	公共财政预算支出	财政自给率
呼和浩特市	2696530	4199738	0.64
包头市	2712122	4143569	0.65
鄂尔多斯市	4510263	5616384	0.80
呼伦贝尔市	1060263	4127288	0.26
兴安盟	301516	2170223	0.14
通辽市	1283465	3580764	0.36
赤峰市	1117777	4388482	0.25
锡林郭勒盟	1058050	2441999	0.43
乌兰察布市	566632	3032985	0.19
巴彦淖尔市	699542	2360418	0.30
乌海市	815552	1290413	0.63
阿拉善盟	350212	916305	0.38

资料来源:《内蒙古统计年鉴》(2017年)。

通过表5-9可以看出,到2016年,12盟市中财政自给状况最好的是鄂尔多斯市,自给率高达0.8%,包头市、鄂尔多斯市、乌海市紧随其后,其余盟市自给率均不足0.5%,乌兰察布市和兴安盟居后两位,自给率均不足0.2%。

从图5-3、图5-4、图5-5可以看出,内蒙古自治区三个地区中,中部地区经济发展较好,同时财政实力也强于东部地区和西部地区。同样中部地区财政自给率也是最高的。东部地区自给率略高于西部地区,这和内蒙古自治区财政政策的支持力度有关,也反映出当地的经济发展水平和经济能力。

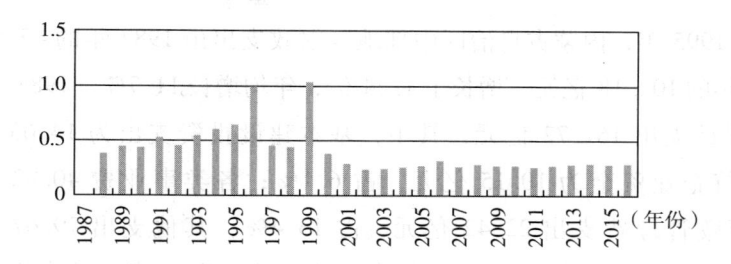

图 5-3　内蒙古自治区东部地区财政自给率

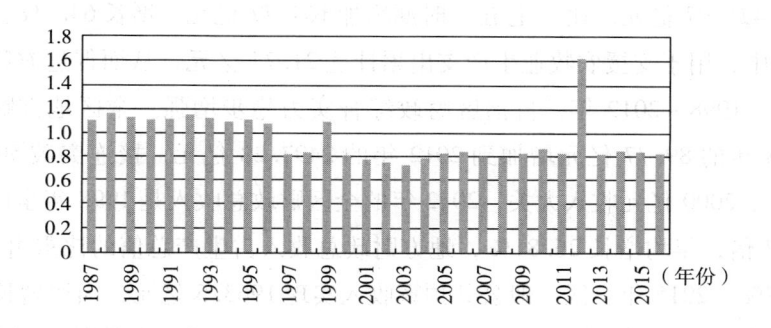

图 5-4　内蒙古自治区中部地区财政自给率

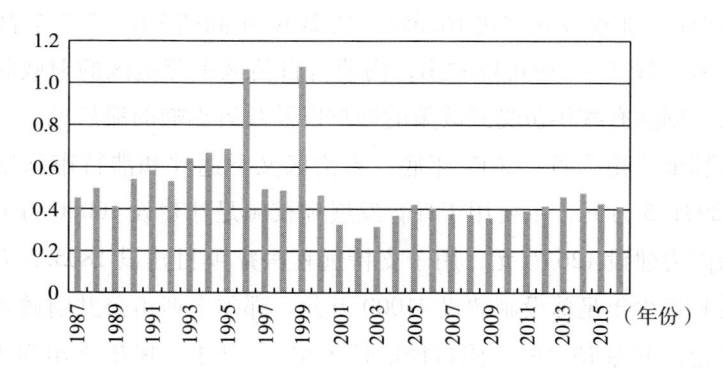

图 5-5　内蒙古自治区西部地区财政自给率

二、中部地区财政运行情况

改革开放以来，随着自治区财力的逐步增强和中央财政对少数民族地区财政的照顾扶持，中部地区财政可用资金不断增加，财政支出亦大幅度增长。

内蒙古自治区财政发展报告（1978~2018）

1987~1995年，内蒙古自治区中部地区财政支出由1987年的45.56亿元增加到1995年的102.18亿元，增长了1.24倍，年均增长11.7%。1988~1990年，地方财政累计支出167.72亿元，其中，基本建设投资支出为14.63亿元，占8.7%；扶持企业资金为10.15亿元，占6.1%；各类事业费40.82亿元，占24.3%；行政管理费支出22.42亿元，占13.4%；其他支出79.67亿元，占47.5%。1991~1995年，即内蒙古自治区的"八五"时期，地方财政支出由1990年的60.9亿元增加到1995年的102.2亿元，年均增长10.9%。地方财政支出累计达421.97亿元，比"七五"时期增加164.77亿元，增长64.1%。在五年财政支出中，用于支援农牧业生产支出累计达21.77亿元，从而促进农牧业持续健康发展。1998~2012年，自治区财政综合实力稳步增强。全区地方财政总收入由1998年的89.77亿元增加到2012年的2497.28亿元，接连突破500亿元、1000亿元、2000亿元收入大关，2012年的全区财政总收入是1998年全区财政总收入的27倍，年均增长26.81%，地方财政总收入占生产总值的比重由7.1%增加到15.7%。2015年全区一般公共预算收入实现1963.5亿元，同比增长6.5%，2017年全市一般公共预算收入完成2016251万元，完成调整预算数2127516万元的94.8%，同口径下降23%，剔除虚增空转和营改增政策等因素影响，按可比口径增长4.1%，非税收入占比16.6%，比2016年同期下降13.2个百分点。

从图5-6、图5-7中可以看出，内蒙古自治区中部地区的财政收支增长也呈现正增长，剔除有些年份受到政策的影响以及政策影响的滞后期，在中部地区中又以呼包鄂金三角为首。2017年底，自治区又下达呼和浩特市新增地方政府债券资金52931.5万元，主要用于教育发展和校园足球建设10000万元、提升基层布病防治能力建设126万元、用于支持远程医疗项目建设1805.5万元、公益性项目建设和青少年足球设施建设41000万元。鄂尔多斯市公共财政预算支出完成477.1亿元、下降15.1%，同口径增长5.6%。其中，民生支出384亿元，占比80.5%。包头市是一个具有发展历史的老城市，其经济技术基础较好，而且它又是改革开放后优先发展的工业城市，它所处地理位置的优越性都是它迅速成为内蒙地区综合经济实力最强的一个城市。包头市一般公共预算收入完成137.6亿元，同口径减少126.7亿元，下降47.9%。这三个城市中呼和浩特市具有首府优势，包头市是以钢铁和稀土为主的工业城市，鄂尔多斯市是以煤炭为主的能源城市，这三个城市主要特点是经济总量大，经济质量相对比较高，社会经济发展水平和城市生活环境等方面指标在区内领先。而鄂尔多斯市作为20世纪后迅速崛起的能源开发的新型城市，具有赶超呼和浩特市和包头市的势头，社会经济发展水平和增长潜力基本上不相上下。只是鄂尔多斯市由于历史发展原因在经济软实力指标方面具有较大差距，制约了鄂尔多斯市综合经济实力、城市经济的集聚和扩散功能进一步发挥。

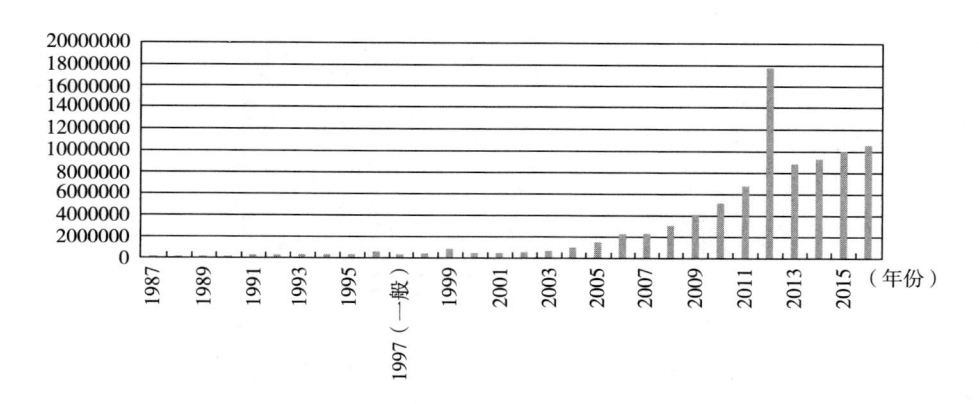

图 5-6　1987~2016 年内蒙古自治区中部地区财政收入情况

注：1997 年为财政总收入，1997 年之后为一般预算收入。

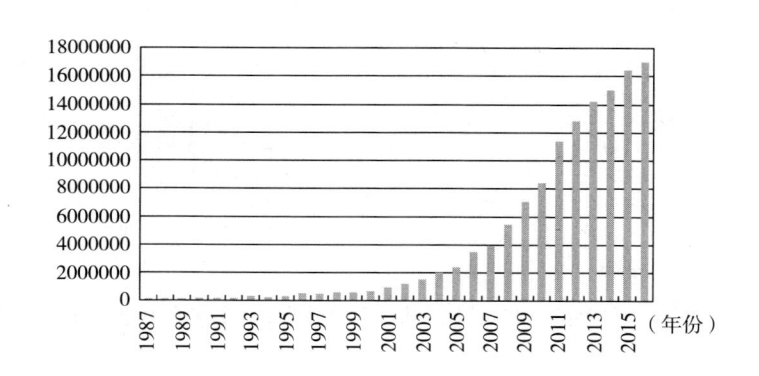

图 5-7　1987~2016 年内蒙古自治区中部地区财政支出情况

三、西部地区财政运行情况

内蒙古自治区西部地区的财政收支自1987年也呈现出正增长的趋势，但

内蒙古自治区财政发展报告（1978~2018）

在东部、中部、西部三大地区内，西部地区的财政收支增长速度是最慢的，这也和这些地区所处的地理位置以及经济发展的历史因素密切相关（见图5-8和图5-9）。

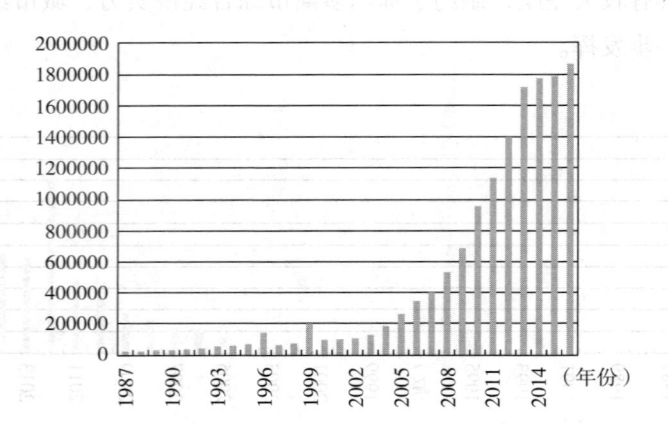

图5-8　1987~2016年内蒙古自治区西部地区财政收入情况

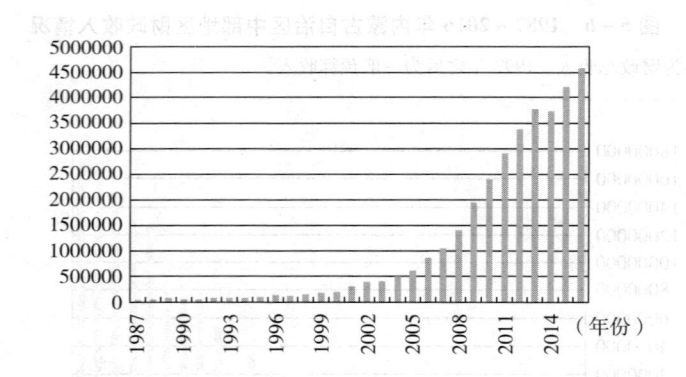

图5-9　1987~2016年内蒙古自治区西部地区财政支出情况

加快西部地区快速发展进程，乌海市作为典型的资源型城市要提升其作为区域中心城市的综合服务功能，加大环保循环企业等先进制造业的建设，严格控制污染企业审批，着重发展现代服务业，利用地域优势发展旅游业。充分利用河套平原的优势发展巴彦淖尔市的农牧产品，提升其品牌价值；优化阿拉善盟的工业布局，协同推进乌海市、巴彦淖尔市、阿拉善盟的一体化发展。

四、东部地区财政运行情况

东部地区的财政收入水平从 1978 年以后，呈现出增长的态势。且每年增长幅度较为稳定，同时与财政支出的增长幅度呈现对应关系。因此可以看出，随着财政收入的增长，东部地区随着经济发展，财政收支也呈现上升趋势。在整体发展态势中，由于受到政策影响，财政收支也呈现出正的增长态势。但东部的财政收入有些年份也出现负的增长率，全区规模以上企业总产值出现负增长，反映了受中国经济形势下行的压力影响，例如，2014 年内蒙古自治区工业经济效益出现了下降，资源型企业产能过剩现象表现突出。就规模以上工业企业总产值总量来说，中部还是占比较大，超过全区的 50%，是东部的 1.4 倍，是西部的 4.5 倍。

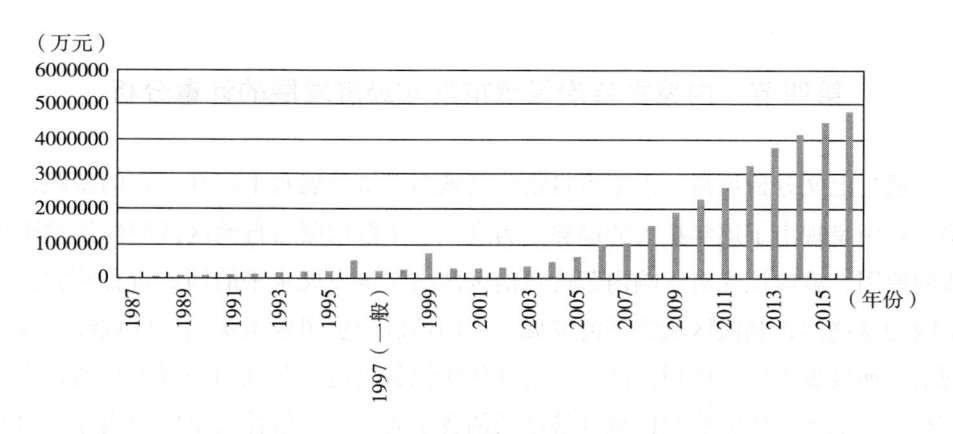

图 5-10 1987~2016 年内蒙古自治区东部地区财政收入

从城镇居民人均可支配收入和农牧民人均纯收入来看，中部和西部都高于或者接近全区的平均水平，而东部却都低于全区的平均水平。从地方财政一般预算收入和人均地方财政一般预算收入来看，三大区域地方财政一般预算收入均处于正增长，且中部地区绝对值是东部的 2.25 倍，是西部的 5.2 倍，人均地方财政预算收入中部和西部均高于全区平均水平，而东部却远低于全区平均水平。

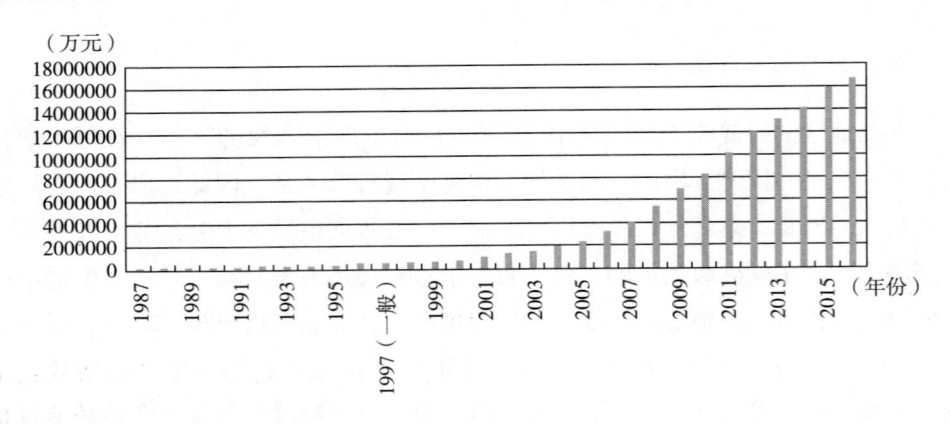

图 5-11　1987~2016 年内蒙古自治区东部地区财政支出

注：1997 年为财政总收入，1997 年之后为一般预算收入。

第四节　内蒙古自治区盟市财政经济发展的计量分析

通过上文分析可得，内蒙古自治区区域间经济发展水平存在一定的差距，且绝对差距呈现出了逐年扩大的趋势。为进一步了解内蒙古自治区区域经济差距形成的原因，就应该先对影响内蒙古自治区区域经济发展水平的因素进行研究，正是因为这些因素刺激区域经济的发展，不同地区的资源要素不同，区域经济发展的增长速度也不同，区域经济增长速度的快慢就决定了区域间经济差距的扩大或缩小。本书通过研究影响区域经济增长的各个要素，了解什么是影响内蒙古自治区区域经济增长的主要因素，然后推断出使区域经济差距扩大的原因，在此基础上，探究缩小内蒙古自治区区域经济差距的有效方式与应对策略。

一、研究方法

本书运用的计量方法为多元线性回归方法，使用混合模型分析影响内蒙古自治区区域经济发展的相关因素，利用 Stata13.0 软件对于相关指标的数据进行处理和具体操作。实证分析通过三大步骤展开：第一，对数据进行一定的处理；第二，对选取的指标进行解释与说明；第三，对回归结果进行评价与分析。

数据处来源于内蒙古自治区各盟市的相关统计资料，选取所需的指标，将指标处理为便于计量的对数形式，利用 Excel 软件处理数据，对所得的面板数据进行回归处理，并对结果进行分析，最后针对结果的经济含义予以解释说明。

二、指标选取与说明

在借鉴现有研究的基础上，针对内蒙古自治区地区的自身特点，依据选取指标的适用性原则，确定指标如下：因变量为人均 GDP，该指标可以说明一个区域的整体经济发展水平；自变量分别为第二产业占比、居民人均可支配收入、人均社会消费品零售总额、人均财政支出、人均固定资产投资完成额。这五个因素从产业结构、收入水平、市场化程度、政府调控、资本五个角度研究内蒙古自治区各地区区域经济增长的影响因素。

1. 第二产业占比

经济发展的历程具有一定的规律性，在这些规律中，经济发展水平与产业结构的相关性是很显著的。在本书中指出，内蒙古自治区经济发展水平不同，各盟市之间产业结构也存在相关联的差异，因此，探究产业结构对于经济发展的影响程度是非常有必要的。

内蒙古自治区各盟市的产业结构普遍呈现"二三一"的发展现状。也就是说，与第一、第三产业相比，第二产业的发展情况与经济整体发展联系更密切。因此，本书选取第二产业占比来衡量产业结构对于内蒙古自治区区域经济发展的影响，并取其自然对数进行分析。

2. 居民人均可支配收入

研究表明，收入水平与经济增长呈正相关关系，选取居民人均可支配收入作为研究指标来反映内蒙古自治区各盟市收入水平与经济水平的关系是非常具有针对性的。居民人均可支配收入可以反映一个地区的收入水平，本文首先计算出该指标的对数，然后对其进行计量分析，通过对计量结果的分析来看收入水平是否是影响该区域经济发展水平的重要因素。

3. 人均社会消费品零售总额

在经济长期发展过程中，市场化程度起着不可忽视的关键作用。市场化程度作为影响一个区域经济增长的关键因素，推动着经济长期稳定的发展。然而学术界对于其衡量指标并未达成共识。在此，本书选取人均社会消费品零售总额这一指标来表示一个区域的市场化程度，也对该指标进行对数处理，以提高计量结果的准确性。

4. 人均财政支出

我国的区域经济发展影响因素中，政府调控具有举足轻重的地位，区域经济的发展是否健康平稳很大程度上取决于政府调控的力度。政府调控有多种方法，但并没有一个准确的表示方法，而财政支出是政府进行宏观调控的主要手段之一。所以在此，本书选择人均财政支出这一指标来反映一个地区政府调控对于该地区经济发展的影响程度。

5. 人均固定资产投资额

资本也是影响地方经济发展的重要因素，资本可以反映出一个地区现有的生产规模与基础设施完善。固定资产投资完成额，简称固定资产投资额，是将固定资产相关费用表现为货币形式的一个指标，因此可以利用该指标反映资本对于一个区域经济发展的影响程度。本书对人均固定资产投资完成额作对数处理，利用该指标的计量结果来探究资本对于内蒙古自治区各地区域经济增长的影响程度。

三、实证分析

考虑到数据的可得性和实效性，本书选取 2004~2016 年内蒙古自治区 12 个盟市的相关数据作为实证分析所需指标计算的来源。设因变量为：Y——人均GDP（对数）；自变量分别为：X_1——人均固定资产投资完成额（对数）；X_2——居民人均可支配收入（对数）；X_3——人均社会消费品零售总额（对数）；X_4——人均财政支出（对数）；X_5——第二产业占比（取对数）。

面板数据模型可以分为三类，以常数项和系数向量是否为常数作为划分依据，这三类分别是：常数项和系数向量皆为常数的混合回归模型、两者皆非常数的变系数模型和只有系数项是常数的变截距模型。

通过计算得出本书应选择混合模型对数据进行回归分析。利用 Stata13.0 软件进行多元线性回归分析，然后对面板数据加以处理，估计出模型参数。由于本书中面板数据中横截面个数大于时序个数，为了消除横截面异方差、序列自相关等影响，采用不相关回归方法（Seemingly Unrelated Regression，SUR）来估计方程。回归分析结果如表 5-10 所示。

第五章　改革开放 40 年内蒙古自治区盟市财政运行分析

表 5－10　变量的描述性统计

Variable	Obs	Mean	Std. Dev.	Min	Max
gdp	120	4.5447	0.3685	3.7867	5.2939
pfi	120	4.4285	0.3586	3.5124	5.1717
pci	120	4.1520	0.1937	3.8106	4.5249
ptrsofsc	120	4.0138	0.2792	3.4690	4.5993
pte	120	3.8261	0.2919	3.2088	4.5917
si	120	－0.3049	0.1185	－0.5929	－0.0841

资料来源：根据计量模型整理得出。

由于面板数据符合 T＞N 的长面板特点，因此使用系统广义矩模型。首先使用最小二乘回归方法作为参照系（见表 5－11）；其次使用固定效应模型进行回归，结果如表 5－12 所示。

表 5－11　回归结果

reg	gdppfipci	ptrsofsc	pte	si	vce（clusterid）	
	R－squared：0.9347		F（5, 11）＝415.22		Prob＞F＝0	
gdp	Coef.	Std. Err.	t	P＞t	95% Conf.	Interval
pfi	0.2369	0.1517	1.56	0.147	－0.0970	0.5709
pci	1.1789	0.0771	15.28	0	1.0092	1.3487
ptrsofsc	0.0693	0.1010	0.69	0.507	－0.1530	0.2917
pte	－0.0512	0.1469	－0.35	0.734	－0.3745	0.2721
si	0.7744	0.2008	3.86	0.003	0.3324	1.2165
_cons	－1.2458	0.2856	－4.36	0.001	－1.8743	－0.6173

表 5－12　固定效应模型回归结果

Fixed－effects （within）regression		Number of obs：120		Number of groups：12	Avg：10	
R－sq：0.9830		Obs per group：min：10			Max：10	
corr（u_i, Xb）＝0.3622		F（5, 11）＝1118.54		Prob＞F＝0		
gdp	Coef.	Std. Err.	t	P＞t	95% Conf.	Interval
pfi	0.0097	0.0725	0.13	0.896	－0.1498	0.1693
pci	1.4581	0.0551	26.46	0	1.3368	1.5794

续表

Fixed-effects (within) regression		Number of obs: 120		Number of groups: 12	Avg: 10
ptrsofsc	-0.0062	0.0608	-0.1	0.92	-0.1400	0.1275
pte	-0.0786	0.1114	-0.71	0.495	-0.3239	0.1667
si	0.6161	0.0967	6.37	0	0.4034	0.8289
_cons	-1.0388	0.2119	-4.9	0	-1.5051	-0.5724

资料来源：根据Stata13.0估计结果整理。

上面的回归并未解决遗漏变量和反向因果关系造成的内生性问题。下面采用动态广义矩方法来估计，其可以解决以上两方面可能造成的伪估计。检测结果如表5-13所示。

表5-13 动态面板广义矩估计回归分析结果

Max = 9		avg = 9		Obs per group: min = 9	Prob > chi2 = 0.000	
Number of obs = 108		Number of groups = 12			Wald chi2 (6) = 21985.93	
gdp	Coef.	Std. Err.	z	P>z	95% Conf.	Interval
L1.	0.931498	0.0342826	27.17	0	0.8643058	0.998691
pfi	0.0540	0.0243	2.22	0.026	0.0064	0.1015
pci	-0.3214	0.0476	-6.75	0	-0.4147	-0.2281
ptrsofsc	0.1798	0.0338	5.33	0	0.1136	0.2460
pte	-0.0503	0.0204	-2.46	0.014	-0.0903	-0.0103
si	0.1558	0.0400	3.89	0	0.0774	0.2342
_cons	1.0164	0.0914	11.12	0	0.8374	1.1955

因此得出：

$$Y = 0.93 + 0.05X_1 - 0.32X_2 + 0.18X_3 - 0.05X_4 + 0.15X_5$$

依据回归的结果进行分析，第二产业占GDP比重、人均社会消费平零售总额、人均固定资产投资完成额三种因素均对内蒙古自治区区域经济发展具有一定的正影响作用。可以得出，产业结构、居民收入水平与可支配收入为影响内蒙古自治区区域经济发展的重要因素，它们的重要性依次递减。分析如下：

其一，第二产业占 GDP 比重的回归系数为 0.15。这样的结果可以说明，第二产业与内蒙古自治区区域经济发展密切相关，第二产业的繁荣程度能够促进内蒙古自治区区域经济的发展，且影响显著。第二产业发达程度的差距是造成内蒙古自治区区域经济差距的原因之一。因此，应该重视第二产业的发展，促进产业结构调整，将其作为协调内蒙古自治区区域经济发展的重要手段。

其二，居民人均可支配收入（对数）回归系数为 -0.32。这一结果表明，居民的收入水平与内蒙古自治区经济发展呈负相关关系。政府应该维护居民的各个经济权益，保证其收入来源，力争使人均可支配收入逐年稳步上升，助推缩小内蒙古自治区各区域之间居民生活质量的差距。

其三，人均固定资产投资完成额（对数）的回归系数为 0.05。这一结果表明，固定资产投资完成额在内蒙古自治区区域经济增长中有一定的正向拉动作用。资本在一定程度上代表了基础设施的建设与完备程度，基础设施的完备能够保证一个区域长久、可持续的发展。因此，内蒙古自治区应该重视并且提高固定资产投资力度，鼓励政府投资，加大地方基础设施建设，促进区域间经济活动全面进步，协调内蒙古自治区区域经济良性发展。

其四，人均社会消费品零售额的回归系数为 0.18。这一结果表明，社会消费品零售总额在内蒙古自治区区域经济增长中有一定的正向作用。零售总额的高低代表着经济的发展速度，因此，内蒙古自治区应该重视人均社会消费品零售总额的增长率，从而反映区域内的消费水平。

其五，财政支出的回归系数为 -0.05。这一结果表明，人均财政支出对区域经济增长具有负向作用。因此对于经济的区域发展的影响作用并不明显。对于财政支出应由政府根据经济发展阶段和经济发展形势适时安排。

内蒙古自治区是国家的资源大省，作为中国北部的一个重要的边疆地区，在"一带一路"倡议中也处于核心地位。因此内蒙古自治区应该凭借自身的优势为地区的经济发展做出贡献。但同时我们也应该看到，内蒙古自治区东、中、西部各地区经济发展仍有较大的差异，由此可见，经济发展水平受制于自然环境、自然资源、地理位置以及人文环境的诸多因素，政府在未来的发展过程中必须重视各个地区的发展差异，协调各类资源的利用，优化产业结构，支持促进新兴产业的发展，由此推动内蒙古地区经济高质量稳健地发展。

第六章

促进内蒙古自治区财政可持续发展的建议

财政是推进国家治理体系和治理能力现代化的基础和重要支柱，财政可持续发展关乎着国家的长治久安。近年来，我国经济由高速增长阶段转为"三期叠加"的新常态，财政随即也进入新常态。一方面，财政收入增速持续下落，而人口老龄化、生态环境保护、结构转型、新型城镇化进程加快等潜在财政支出需求逐渐加大，财政支出稳定于两位数的增长率，财政资源稀缺性与支出刚性矛盾进一步加剧；另一方面，财政资金却存在使用效率不高、统筹效果不理想等问题。在这种双重压力下，政府赤字及债务水平持续上升，威胁财政可持续发展。在财政资金增量受阻的情况下，如何在源头上盘活存量资金，提高资金统筹使用效果，为发展提供资金保障，是财政可持续发展亟须解决的重大问题，也是国家治理现代化的新考验。

2016年3月，《中华人民共和国国民经济和社会发展第十三个五年规划纲要》出台，指出要"完善财政可持续发展机制"。2016年12月，中央经济工作会议部署2017年财政工作时提出要继续实施以"减收增支"为内容的积极财政政策，以促进经济运行保持在合理区间，在减税降费同时适度扩大支出规模。由此财政收支紧张将成

第六章 促进内蒙古自治区财政可持续发展的建议

为阶段性的常态。同时,财政部长肖捷在 2016 年 12 月召开的全国财政工作会议上提出"加强地方政府性债务管理,确保财政可持续"。可以看出,在政府职能转变、产能过剩和需求结构升级矛盾突出、经济增长内生动力不足等新常态阶段下,如何实现财政可持续发展是当前我国顶层制度设计的重要一环。

第一节 财政可持续发展界定

经济学家 Buiter 于 1985 年首次提出财政可持续的概念，他认为，财政可持续是"用于分析政府偿债能力与财政存续状况，当一国或地区的财政收入总量不足以清偿其债务总量时，财政就是不可持续；反之，财政可持续"。世界银行基于特定背景，通过考量财政政策的稳定性来判断财政可持续是否成立，即"如果在给定的融资成本下……财政政策不需要通过重大调整仍然可以保持（对债务的）足够偿付能力，那么财政是可持续的"。因此，财政可持续可以定义为，国家或地区的财政收支结果达到一种帕累托最优状态，在该状态下，政府保持适度的债务规模，同时财政收入能够负担财政支出。

可以看出，如何评判财政发展是否可持续应从以下几个角度入手：首先，考量的周期长、内容广。判断财政是否可持续需结合历史、现在和未来财政发展状况进行综合评判，因此，需要进行在长期观察下统筹考虑长期过程中的政策执行和效果等多重因素。其次，应充分考虑当期发展背景。由于特定的历史背景具有不同的政策安排，致使财政可持续发展程度不同，因此不同时期的财政政策、资金使用情况都影响着可持续效果。最后，财政收支安排和政府债务水平是衡量财政是否可持续的重要指标。财政收支安排能够体现当期财政资金使用效率和预计未来财政政策方向，是财政可持续的前提；政府债务水平又是检测财政收支是否适当的评判标准，是财政安全性的"报警器"。因此，在财政可持续研究中，财政收支安排状况和政府债务水平是判断财政可持续发展直观且理性的指标。

可持续发展是经济、社会、资源和环境保护的协调发展，包括资源和生态环境可持续发展、经济可持续发展和社会可持续发展三个方面，"可持续财政"相应就包括解决以上三个方面可持续发展的内容，促进经济和社会的可持续发展的财政就是现有的国家财政和公共财政（民生财政），而促进资源和生态环境可持续发展的财政就是所谓的"生态财政"。因此，可持续财政是包括国家财政、公共财政（民生财政）和生态财政的三位一体的系统，其中国家财政解决"人与社会的关系"中人与人之间的分配问题，公共财政解决"人与社会的关系"中人与物的关系问题，生态财政则解决"人与自然"之间的关系问题，综合而言，可持续财政解决"人与社会、与自然"的关系（见表 6-1）。

第六章　促进内蒙古自治区财政可持续发展的建议

表 6-1　可持续财政与国家财政、公共财政、生态财政

财政类型	主要理论基础	本质问题	主义倾向
国家财政	马克思经济理论	人—社会（人—人）	经济主义
公共财政（民生财政）	西方经济理论	人—社会（人—物）	
生态财政（绿色财政）	生态经济理论、系统论	人—自然	生态主义、经济主义
可持续财政	可持续发展理论、系统论	人—社会—自然	

在目前财政、经济、政治、社会、伦理、自然生态已经显露出严重失衡的形势下，可持续财政的提出及其对生态问题的关注具有很强的现实意义，而且也适应了我国可持续发展战略的需要。

第二节　财政可持续发展与现代财政制度

随着中国经济进入新常态，财政收入和支出形势发生了重大转变，财政收入抵支，赤字增加，债务攀升，财政可持续发展作为一个重要问题被提出。2017年预算报告指出，要通过积极的财政政策，大力落实供给侧改革，以引领中国经济走向新的增长路径，从而在一个中长期内实现财政经济的可持续发展。党的十八届三中全会提出"建立现代财政制度"。什么是现代财政制度，目前没有一个明确的回答。有人认为，现代财政制度包括现代税收制度、现代预算制度等；还有人认为，现代财政制度应是以发达市场经济国家为范本的财政制度。这些说法都没有直接回答这一问题。马海涛（2016）在《中国财政可持续发展研究：中国财税研究报告2016》中指出，判断一个财政制度是不是现代财政制度，最终要看财政制度的功能是否先进和现代，如其财政收入支出功能、资源配置功能、收入分配功能、促进经济增长和稳定功能等；而判断其功能是否先进和现代，应该将财政放到整个国家治理的框架下，看其是否适应当前该国国家治理的需要，如果能够适应并促进其国家治理水平的提高，则是先进的；反之，则是落后的。

现代财政制度与财政可持续发展又是什么关系呢？答案为推进现代财政制度是实现财政可持续发展的根本。当前国家在财政收入、支出、赤字等方面实行的各项实现财政可持续发展的措施同时也在推进现代财政制度的建设，因为这些举措要求对现有的财政制度进行结构性改革。改革不能一蹴而就，但已经向着其发

展方向转变和推进了。深入推进财政制度改革，实现财政制度现代化，是将这些短期的、探索性的举措变为长期的、稳定的制度必由之路，是实现财政可持续发展的根本保证。

当前，我国财政可持续发展面临的问题，其根本源于财政功能的不适应与落后。例如，财政可持续发展面临的直接问题就是财政收支失衡，这除了经济因素外，与财政收入、支出制度功能的落后紧密相关。从财政收入来看，我国以间接税为主体的税制结构，导致税收收入弹性大于1，在经济上升时，税收收入增长超过GDP；当经济下降时，税收收入增长低于GDP，两者均是税收收入功能不协调的表现。对此，需要逐步降低间接税比重，相应提高直接税比重。从财政支出来看，我国用于基建投资、办公经费等一般性财政支出的比重过高，而用于教育、医疗、社保等民生性质的财政支出比重相对较低，这与我国长期以来政府以GDP考核为目标，注重企业、投资和经济增长的制度密切相关。随着我国淡化GDP考核，注重经济质量和民生，财政支出结构和制度也应做出相应的调整。

又如，财政可持续发展与财政的收入分配功能也紧密相关。当前我国财政制度整体上不利于缩小收入分配差距。从税收来看，我国税收制度总体上呈现累退性，即收入越低的阶层，税收负担相对越重；收入越高的阶层，税收负担相对越轻。这一税收制度直接影响财政收入的可持续性。而改变税制结构，让富人负担更多的税收，是增加财政收入、实现财政持续增长的必然选择。从财政支出来看，现有的社会保障制度和转移支付制度虽然具有调节收入分配的功能，但是力度过小，作用有限，无法有效缩小收入分配差距。

再如，财政可持续发展与财政的经济增长与稳定功能也紧密相关。从财政收入来看，当前我国多级政府的主要税收收入来源均是增值税、企业所得税和个人所得税等共享收入，而这三个税种又主要是由企业缴纳（或代扣代缴），因此，多级政府均将关注点放到了企业、投资上。由于多级政府职能的高度同质，导致其对经济增长的促进作用大，经济波动的幅度大，不利于宏观经济的稳定。改革现有的分税制度，根据不同层级政府的不同功能赋予其不同的主体税种，更加有利于经济的稳定和增长。如个人所得税和社会保障税，对于经济稳定具有重要作用，但是由于其规模较小，在中央政府财政收入中占比过低，其作用并没有得到充分的发挥。地方政府应更多关注当地居民的公共服务，为此，需要改变现有地方税收收入制度，建立以房地产税为主的地方税体制，降低增值税、企业所得税等以企业为主要税收来源的分税制度。

由此可见，财政可持续发展与现代财政制度建设紧密相关，只有大力推进现代财政制度建设，不断完善财政的各项功能，才能为财政的可持续发展提供制度保障和有力支持。

第三节 新常态下财政可持续发展的政策着力点

党的十八届三中全会强调，"财政是国家治理的基础和重要支柱，科学的财税体制是优化资源配置、维护市场统一、促进社会公平、实现国家长治久安的制度保障"，把财政的定位提高到前所未有的高度，赋予了财政更崇高的使命、更重大的责任。

"新常态"意味着我国经济在一段时期内将面临中低速的发展态势，并不是短期的经济周期问题，而是一个通过结构性变革使经济朝更加合理化方向发展的经济稳增长问题。因此，新常态下实现财政可持续发展必须进行供给侧结构性改革。与货币政策相比，财政政策优势在于传导速度快、结构性特征明显，正好符合新常态下注重结构调整的要求，再加上长时间频繁的货币调控使货币政策的效果不再明显，财政政策将成为推进供给侧结构性改革的主力，财政作为财政资金和财政制度的供给者，需要采取多种有效手段，推进我国供给侧结构性改革，保持财政的可持续发展。财政政策一般围绕财政收入和财政支出展开，主要手段包括税收、财政支出、财政投融资机制，当然也包括非税收入、公债以及国库现金管理等。面对新常态下财力约束趋紧，政府面临两种选择：一是减少支出，这样有利于降低财政风险，但同时增加了经济风险；二是维持支出水平，利用债务弥补收支缺口，用财政风险的扩大降低经济风险，在经济下行的大环境下，第二种选择无疑更具合理性。

推进供给侧改革，我们既要在财政投融资和税费制度上做文章，提高财政资金的配置效率，更需要有效的财税制度供给。因此，财政供给侧改革的政策着力点如下：

一、财政收入政策的着力点：减税清费

税收政策既存在供给效应也存在需求效应，短期影响需求端，长期影响供给

端，正税清费、通过结构性减税将主动性更多地交与企业和居民，是一种从调整微观个体入手的长效机制。一方面降低企业税负成本、增加企业利润，增强其投资能力和创新激励；另一方面通过对不同行业的差别减税政策，优先发展部分高新技术产业，实现产业结构的进一步优化。供给学派经典的拉菲尔曲线指出，减税通过影响劳动和资本供给促进经济增长，而现有研究也认同降低税收有利于经济增长率的提高，中国实施的减税政策相对优于财政支出扩张政策。此外，非税收入也是财政收入的重要组成部分，且近几年在财政收入中的占比增加较快，推进结构性减税过程中，要防止出现政府通过增加非税收入弥补税收增长乏力导致财政收入不足的现象。

财政收入政策调整相应的措施应该落脚于贯彻执行全面性清费政策，降低企业的真实税费水平，降低实体经济的税费负担。

首先，做好"营改增"改革的后续工作，及时了解企业的纳税情况和税负负担；推进消费税改革，现行消费税税制仍延续着2006年的设计，诸如小汽车、摩托车等已经不再属于高档消费品，税制设计与当前居民的消费习惯和消费水平脱节，因此需要调整消费税的征收范围，进一步降低中低收入者的税负负担；降低和简化个人所得税，加快推行综合与分类相结合的个税改革方案，细化扣除标准。

其次，调整税收优惠政策，突出税收优惠调整的结构性，尤其是要取消部分已经存在过剩产能、环境污染严重企业的税收优惠，而对创新型、环保型企业则要加大税收优惠力度，延长税收优惠年限，鼓励企业的自主研发。

最后，加强非税收入的管理，清理不规范的行政收费、基金等，适当扩大部分费用的免征标准，对地方政府的乱收费行为建立惩罚机制。

二、财政投融资政策的着力点：融资模式创新

经济新常态下，我国财政面临的最大不确定性是筹资，原有的土地财政模式已经难以为继，财源紧缩也已成为不争的事实，但仍需要通过财政投资发挥其应有的作用，如何利用有限的政府资金撬动更多的社会资本则成为解决问题的关键，创新财政投融资模式应该作为供给侧改革的重要突破口。总体思路是，处理好财政存量资金、发行地方债券、PPP项目、城镇化基金之间的比例关系和不同层级政府的分配关系，构建多元化的财政融资模式。

第六章 促进内蒙古自治区财政可持续发展的建议

其一，继续推广PPP模式、城镇化基金等方式，吸引更多的社会资本，降低财政资金压力；其二，继续推行地方债务置换工作，对剩余地方债务进行有序的置换，重点做好债务规模和债务风险状况的动态监测，不仅国家层面要加强检测，各地都需要出台债务置换和偿还的具体时间表，以保证债务置换的顺利进行，必要时还可以通过允许地方政府减持或变现部分国有资产偿还债务以及发行特别国债的方式缓解债务风险；其三，完善地方债券市场，适时推出多层级地方市政债券。现阶段地方债券的发行规模还较小，且仅局限于省级政府，因而可以在地方债限额管理基础上，增加地方发债规模的机会，试行省以下层级地方政府发行市政债券，同时规范债券评级工作，完善省以下层级公债的评级体系，尽快形成合理的发行定价机制。

三、财政支出政策的着力点：投资结构与资金效率的优化

财政投资政策作为财政支出政策的重要组成部分，如何提高投资效率成为财政供给侧改革的关键。财政投资的作用主要体现在直接财政资金的投入方面，虽然政府投资多数时候被认为是需求侧调控的手段之一，但投资形成的公共基础设施、教育水平的提升等将作为供给侧的改善，形成高效率的资本积累，优化潜在总供给，为经济的长期发展提供动力。财政投资的作用还体现在财政补贴上，财政补贴政策的合理性、补贴资金的使用效率等是供给侧改革的重点，要发挥其政策引导作用提高企业的绩效，而非让企业高管成为财政补贴的赢家。因此，需要寻找高效率的投资和补贴方向，摒弃大规模、低效率的投资模式，更多地为实现基本公共服务均等化、改善民生和提高企业绩效服务。

具体地讲，首先，合理界定财政与市场的职能范围，继续加大对现有水平较低但正外部性较大的如重大科技研发项目、各类扶贫支出以及教育、医疗和环境保护项目的财政投资，对基础设施的建设则应该优先支持落后地区、农村地区，适当减少对发达地区基础设施建设的财政投资，避免重复建设现象；其次，对财政补贴进行结构性调整，引入财政补贴的竞争机制。财政补贴虽然能够体现国家对产业发展的政策导向，但也存在扭曲市场价格的弊端，而且现有的财政补贴大多流向了国有企业，整体的补贴效率并不乐观。在财政补贴政策的调整中，应该适当减少对国有企业的财政补贴，增加对创新型中小企业、民营企业的补贴力度，减少对已经产生产能过剩企业的补贴力度，引入财政补贴的竞争机制，通过

对企业发展绩效的筛选,及时调整补贴范围。

综上,新常态下推进供给侧改革的财政政策着力点在于结构性减税与清费、创新投融资模式和优化投资结构与效率,三点相互关联,存在逻辑递进的关系。减税清费是要减轻企业和个人的税负水平、释放微观主体的活力,但其推进短期内会减少财政收入,财政缺口的加大将威胁财政的可持续发展,进而倒逼财政融资模式的创新,一方面通过提高赤字率、发行债券弥补税收的减少,另一方面激活沉睡的财政资金、利用PPP模式撬动更多的社会资金投资,城镇化推进、人口老龄化等都会增加财政支出压力。盲目的大规模投资只会造成更大的财政风险,这样对财政投资提出了更高的要求,需要财政投资的精准发力,提高财政资金的效率。按照上述三条路径推行财政供给侧改革,可以理顺财政收支关系,但同时还需要合理的财税体制与制度保障。

四、财政制度供给侧改革着力点:深化财税体制改革

财政供给侧改革还需要深化财税体制改革,摆正政府与市场的地位关系,保障地方财政的可持续性。1994年分税制以来,地方财权与事权不对等的问题逐渐暴露,随着国家对"土地财政"和地方融资平台的严格管控,再加上"营改增"的实施进一步减少了地方税源,地方财政的可持续性问题更为严重。供给侧改革除了要求财政资金的供给之外,还要求财税制度的供给创新,通过财税体制的改革形成合理的政府与市场边界定位的新的央地财政关系。

首先,进一步完善地方税体系,加快开征环境税、房产税等,增加地方政府的税收分成比例,缓解对土地财政的依赖。其次,要加快落实中央与地方的支出责任,适度缩小地方财政的事权范围,减少专项转移支付资金比例,完善纵向一般转移支付制度,缓解地方财政的支出压力。再次,各级政府都应该建立中长期财政规划,尤其是对债务发行、使用、偿还进行长期规划,重点加强债务的可持续性测度和风险控制。最后,加强财政与金融的协同配合,防范财政金融风险。虽然财政政策在供给侧改革中能够发挥其结构性的特点,但财政与金融存在互补的优势和协同作用,财政政策的作用发挥离不开金融的支持。例如,地方债务置换缓解了地方政府的债务风险,但置换过程需要银行的配合以及宽松的货币环境,金融部门需要通过降准、降息等方式予以配合;PPP项目在供给侧改革中被寄予厚望,除了财政部门,金融部门也可以通过直接融资和间接融资的方式推动

PPP项目的开展；财政部门通过减税和财政投资等手段，鼓励企业扩大生产和投资，同时也需要金融机构将资金引导向实体经济，才能达到激活微观主体的目的。

第四节 内蒙古自治区财政运行情况

一、财政运行概况

当前，受外部经济下行压力和"三期叠加"的影响，内蒙古自治区财政可持续发展面临诸多挑战，财政收入增速下降，支出刚性增长较快，收支矛盾进一步加剧；现行支出政策"短期化""碎片化"问题较为突出，支出结构固化僵化；地方政府性债务规模较大且增长较快，存在一定的风险隐患等问题较为突出。

（一）财政收入持续大幅增长的难度明显加大

世界经济发展中有许多不稳定因素，各国围绕资源、市场、技术和人才的竞争日趋激烈，贸易保护主义有新的表现，战略性资源价格波动加剧。随着我国参与经济全球化程度加深，内蒙古自治区发展外向型经济面临的国际竞争将更加激烈。国内兄弟省市竞相抓住机遇、发挥优势、加快发展，对自治区的竞争压力将逐渐增大。另外，全区经济结构不尽合理、城乡区域发展不够协调、自主创新能力不强、自然资源和环境承载压力增大，这将对全区经济发展和财政收入增长形成一定的制约。在政策方面，非税收入具有很大的不确定性，也会影响全区财政收入的增长。

（二）民生支出的压力较大

随着我国经济发展进入新常态，经济增长从高速增长向中高速平稳增长过度，预计"十三五"时期内蒙古自治区经济增长速度将放缓，财政增收难度加大，对民生支出带来了新的压力。一方面是民生支出刚性增长与财政收入增幅下降之间的矛盾，对继续提升民生支出标准带来压力。另一方面是民生需求多与政府财力有限的矛盾，对优化民生支出结构提出新课题，民生支出要更加关注低收入群体，更加重视就业，加快与当前经济社会发展的转型相适应。

（三）提高公共服务支出占财政总支出的比例有难度

全区基本公共服务供给总量不足，尤其是优质公共服务资源相对短缺，政府财政支出长期偏重于经济建设，对社会保障、公共卫生、基础教育等基本公共服务的投入相对不足，反映在财政制度上是财政支出多集中在经济发展中，改善百姓民生的公共服务支出则明显低于经济建设的支出，缺乏对基本公共服务供给水平和能力的评价和衡量标准，导致政府基本公共服务职能薄弱，居民在教育医疗及社会保障等方面承担的费用与压力仍然较大。同时，新常态下经济增速换挡，财政增收难度加大，对公共服务支出带来了新的压力。

（四）地区经济发展差距较大

由于内蒙古自治区12个盟市间经济基础、自然条件等差异，导致地区间经济发展水平存在较大差距。经济发展水平高的地区，一般税源稳定，财力充足，政府提供基本公共服务的能力较强，而对于一些仅能维持"吃饭财政"的地区，基本公共服务供给能力就弱，财力不均等现象将持续影响地区间基本公共服务的均等化程度。

二、财政实力分析

2017年，受经济增速下滑及地方财政数据"挤水分"影响，内蒙古自治区一般公共预算收入规模明显缩减，但与此同时收入质量得以夯实，税收比率有一定提升，2018年1~8月仍延续该趋势；2017年一般公共预算自给率继续下滑，地方财政对中央转移支付的依赖度有所提升。2017年房地产市场持续回暖，全区国有土地使用权出让收入增加带动政府性基金预算收入增长。作为边疆地区和少数民族聚集区，内蒙古自治区获得中央政府的上级补助收入规模有望持续，并对地方财力形成有力支撑。

内蒙古自治区地方综合财力主要来源于一般公共预算收入及其补助收入，政府性基金预算收入仅构成一定补充。2017年在经济增速持续下滑、地方政府财政数据"挤水分"的因素影响下，内蒙古自治区一般公共预算收入有所减少；补助收入保持增长趋势，对地方财政收入的贡献度进一步提升。2017年，内蒙古自治区一般公共预算收入完成1703.21亿元，较2016年减少313.22亿元。同年，内蒙古自治区收到的上级补助则有所增加，一定程度上减轻了一般公共预算收入下滑对地区综合财力的影响。同年，全区政府性基金预算收入实现小幅增长，但受区域房地产市场景气度、土地储备及出让情况及房产政策等影响仍处于低位。

第六章 促进内蒙古自治区财政可持续发展的建议

表6-2 2015~2017年内蒙古自治区财政收入情况　　单位：亿元，%

指标		2015年		2016年		2017年	
		全区	区本级	全区	区本级	全区	区本级
财政收入	一般公共预算收入	1964.48	335.86	2016.43	300.01	1703.21	487.78
	其中，税收收入	1320.75	214.95	1335.88	213.84	1286.91	338.08
	一般公共预算补助收入	2135.49	179.19	2376.21	331.21	2523.15	321.59
	政府性基金预算收入	250.08	51.32	263.38	57.61	342.77	56.22
	合计	4350.05	566.37	4656.02	688.83	4569.13	865.59
财政支出	一般公共预算支出	4252.96	596.63	4512.71	685.85	4529.93	906.52
	政府性基金预算支出	435.41	143.9	385.11	114.44	394.11	98.24
	合计	4688.37	740.53	4897.82	800.29	4924.04	1004.76
	税收收入占比	67.23	64.00	66.25	71.28	75.56	69.31
	一般公共预算自给率	46.19	56.29	44.68	43.74	37.60	53.81

注：一般公共预算自给率=一般公共预算收入÷一般公共预算支出×100%。

资料来源：根据内蒙古自治区预算执行报告、收支决算表及其他公开资料经整理得出。

2017年，受经济增速持续下滑、数据"挤水分"等因素影响，内蒙古自治区一般公共预算收入明显缩减，但与此同时收入质量得以夯实，税收比率有一定幅度提升。2017年内蒙古自治区一般公共预算收入规模位于全国31个省市第21位，位次较2016年持平。同年，全区税收收入同比减收48.97亿元至1286.91亿元，但税收比率较2016年增长9.31个百分点至75.56%，在全国31个省市降序排列中位于第8位，较2016年上升16位。与产业结构相适应，全区税收收入主要由增值税、资源税、企业所得税、耕地占用税和城镇土地使用税构成，2017年收入合计占到税收收入的79.00%，主要税收仍呈现不同幅度增减。其中，受益于煤炭、有色金属、化工产品量价齐升，工业行业企业效益明显改善，增值税、资源税和企业所得税分别实现513.76亿元、204.03亿元和128.82亿元，增幅分别为71.08%、32.90%和72.68%；耕地占用税和城镇土地使用税出现大幅减收，同比分别下降66.10%和33.47%至88.81亿元和81.19亿元，主要原因是2016年上述税种税收收入存在虚增空转情况，基数较大。内蒙古自治区一般公共预算支出保持增长态势，2017年为4529.93亿元，较2016年微幅增长0.38%，主要支出方向为教育、农林水、医疗卫生、社会保障和就业等，上述四项支出合计2397.19亿元，占公共财政支出的52.92%。

随着地方建设和民生支出的增长，内蒙古自治区一般公共预算收入难以覆盖支出，2017年全区一般公共预算自给率为37.60%，较2016年下滑7.08个百分点。但凭借边疆地区和少数民族集聚区的特殊条件，国家对内蒙古自治区财政补助力度持续较大，2017年一般公共预算补助收入超过一般公共预算收入额，当年规模较2016年增加146.94亿元至2523.15亿元。

根据内蒙古自治区统计局网站披露数据，2018年1~8月，内蒙古自治区一般公共预算收入为1250.79亿元，同比下滑9.3%，其中税收收入974.06亿元，占比处于77.88%的较优水平。当期内蒙古自治区一般公共预算支出为2838.63亿元，同比下滑7.1%；一般公共预算自给率为44.06%，较2017年提高6.46个百分点。

内蒙古自治区政府性基金预算收入主要来源于国有土地使用权出让收入，受房地产及土地市场景气度等影响存在波动。由于2017年房地产市场延续上年回暖趋势，全区国有土地使用权出让收入显著增长，拉动政府性基金预算收入增长30.14%至342.77亿元。同年，内蒙古自治区政府性基金预算支出为394.11亿元，同比增长2.34%。

从内蒙古自治区区本级财力看，区本级财力占全区财力的比重不高，且财力结构与全区有所不同，一般公共预算收入为其主要构成部分，尤其是2017年在产业效益回升的带动下明显增长，收入贡献程度继续提高。2017年，自治区本级一般公共预算收入实现487.78亿元，较上年增加187.77亿元；一般公共预算自给率较上年上升10.07个百分点至53.81%。政府性基金收入则年度间出现小幅波动，但不超过60亿元，规模较小，对整体区本级财力影响不大。

三、债务状况分析

2017年内蒙古自治区地方政府债务规模继续小幅增长，处于全国各省市中上游，但与其一般公共预算收入对比则处于高水平。考虑到内蒙古自治区新增政府债务空间相对有限，且财政平衡压力上升，未来内蒙古自治区政府债务管控压力将有所增大。

由于在城镇化建设以及公益性项目等方面的持续投入，内蒙古自治区形成了较大规模的政府债务，2017年内蒙古自治区政府债务保持小幅扩张，目前绝对

第六章 促进内蒙古自治区财政可持续发展的建议

规模处于全国各省市中游,但与其一般公共预算收入对比则处于相对高水平。截至 2017 年末,内蒙古自治区政府债务余额为 6009.22 亿元,较 2016 年末增长 2.12%8,位列全国 36 个省(区、直辖市、计划单列市)该指标降序第 11 位,低于当年全区地方政府债务限额(6357.50 亿元)348.28 亿元。以地方政府债务余额与一般公共预算收入规模相对比,2017 年末内蒙古自治区地方政府债务余额是当年一般公共预算收入的 3.53 倍,位列全国 36 省(区、直辖市、计划单列市)该指标降序第 5 位。

从政府层级看,内蒙古自治区政府债务主要分布于市盟本级和旗县政府,2017 年末占比分别为 36.89% 和 56.30%。从资金投向来看,主要用于市政建设、科教文卫、土地收储、保障性住房、交通运输、农林水利、生态建设和环境保护等基础性、公益性的支出,2017 年末市政建设和保障性住房形成的债务分别为 1666.50 亿元和 727.10 亿元,合计占到政府债务的比重近 40%。

表 6-3 2015~2017 年末内蒙古自治区全区债务余额情况　　单位:亿元

指标	2015 年末		2016 年末		2017 年末	
	全区	区本级	全区	区本级	全区	区本级
政府债务余额	5455.21	124.41	5884.58	288.43	6009.22	409.27
政府或有债务余额	1278.66	811.18	1242.40	711.02	—	714.78

资料来源:根据内蒙古自治区地方政府发债文件整理而得。

从政府债务规模来看,截至 2017 年末,内蒙古自治区以政府债券形式存在的地方政府债务规模 5211.69 亿元,占比为 86.73%。2017 年内蒙古自治区发行地方政府债券 1310.07 亿元,其中新增债券 394.40 亿元、置换债券 915.67 亿元;

2018 年前三季度,内蒙古自治区发行地方政府债券 1083.35 亿元,其中置换债券 465.56 亿元、新增债券 515.51 亿元、再融资债券 102.28 亿元,9 月末内蒙古自治区地方政府债券(含财政部代发、自行发行地方政府债券)余额为 6346.44 亿元,当年新增债券额度已基本使用完毕。内蒙古自治区 2018 年地方政府债务限额为 6874.50 亿元,较 2017 年新增地方政府债务限额 517 亿元。根据限额管理原则,内蒙古自治区新增政府债务空间相对有限,且财政平衡压力上升,内蒙古自治区政府债务管控压力将增大。

第五节　推进财政可持续发展的思路

推进内蒙古自治区财政可持续发展，有利于财政发挥宏观调控作用，更好地促进经济转型发展和持续稳定增长；有利于彰显财政取之于民、用之于民的理念，更好地保障和改善民生；有利于体现财政与时俱进、开拓奋进的改革创新精神，全面深化财政改革，建立现代财政制度。财政部门应深刻理解、全面把握财政可持续发展的现实意义和精神实质，创新理财方法，提高理财水平，主动理财实践，始终坚持依法理财、民主理财、科学理财，充分发挥财政职能作用，为服务美好内蒙古自治区建设做出积极贡献。

一、更新财政可持续发展理财观念

在社会主义市场经济体制下，财政资源是市场资源的一个重要方面，而且是一个重要的稀缺资源，必须适应、服从和服务政府职能转变的需要，遵循市场对资源配置的决定性作用，优化财政管理方式，用好用活财政资金，促进效益最大化和效率最优化。

（一）健全财政定位机制

牢固树立市场意识，坚持市场无形、政府有形，政府有为、市场有效的原则，正确认识和准确定位财政与市场的关系，不断提高财政科学调控的能力和水平。重点保障经济社会发展中关乎基础、前沿、底线和市场失灵的领域，清理规范税收优惠政策，整合、取消一般性和竞争性领域的专项资金，积极补齐"短板"，更好地发挥政府在保障改善民生、提供公共服务、加强市场监管、创新社会管理、强化环境保护等方面的作用，维护正常的市场秩序和和谐稳定的社会环境。支持深化行政审批制度改革和政府机构改革，建立财政负面清单机制，加快推进事业单位分类改革，推动事业单位去行政化、行业协会商会与行政机关脱钩，能放给市场的放给市场，积极引导社会资本，推进公共服务提供主体多元化，更好地发挥市场在社会公共事务管理中的重要补充作用。

（二）创新财政预算机制

坚持以市场为导向，积极构建科学完整、公开透明的预算体制，着力推动市场竞争、维护市场统一、促进社会公平正义。探索编制三年滚动预算，加强财政对经济"逆周期"调节，建立跨年度中期预算平衡机制，增强财政政策的前瞻性和财政预算的可持续性。积极推行"开门办预算"，引入竞争性分配机制，将涉及扶持经济社会发展的专项资金，进行同方向、同领域、同类别系统整合，实行客观因素法分配，采用担保、贴息、后补助等方式，放大财政资金杠杆效应。坚持稳定总量、盘活存量、用好增量，加强政府资产资源管理，变闲置资产为流动资源，把资产资源变成现金和资本流，激活政府各类资源要素，同时严格预算结转结余资金管理，减少预算资金沉淀。

（三）完善财政配置机制

充分发挥财政政策资金引导、撬动、激励作用，提高资源配置效率，以尽可能少的资源投入获得尽可能大的效益。按照政府主导、分类指导、区别对待、因地制宜、分级负责、预算管理、人事分离的原则，在公共服务领域，改革财政政策资金传统供给模式，推动财政政策向基本公共服务领域倾斜，促进财政资金向优质公共服务资源流动。建立健全政府向社会力量购买服务机制，培育和发展社会服务组织，发挥社会代理机构作用，做到"花钱养事"。积极推进公共部门与私营部门合作，引导私营企业和个人投资基础设施、公共事业等领域，促进资源有效配置。逐步将政府债务收支分类纳入预算管理，建立健全政府债务审批机制，防范和化解财政风险，进一步规范政府融资平台管理，将政府性融资平台公司资产负债率控制在合理区间，做大做强做优省市县政府性融资平台，充分发挥平台在经济发展中的筹资功能。

（四）强化财政绩效机制

坚持质量为先、提高效率，做到"花钱要有效、用钱要负责"。强化投入产出理念，建立财政对社会事业、企业的政策扶持与资金支持绩效评估机制，坚持对社会事业的支持与效率优先和公共效益最大化挂钩，对企业的支持与税收贡献、就业带动和新增可用财力挂钩，推进财政涉企项目信息管理系统建设，防止企业多头申报、重复支持。认真落实财政监督条例，履行财政监督责任，创新财政监督方式，加快构建覆盖所有政府性资金和财政运行全过程的监督运行机制。强化财政绩效评价，做到宽领域、全过程、广覆盖，探索实施第三方评估机制，积极推进全口径预算资金绩效评价，提高部门重点项目评价质量，推动部门绩效自评工作开展，建立绩效评价结果和预算安排有机结合机制，强化绩效评价结果反馈和应用，不断提高财政资金使用效益。

二、创新财政可持续发展体制机制

坚持以改革破解发展难题、以改革增强发展动力,进一步增强进取意识、机遇意识、责任意识,正确、准确、有序、协调推进财政自身改革和服务其他领域改革。

(一)坚持财政保障改善民生机制改革

按照"守住底线、突出重点、完善制度、引导舆论"的要求,坚持保基本、补"短板"、兜底线、可持续,更加注重统筹兼顾,特别关注并积极服务弱势群体、艰苦地区和基层一线,积极创新财政民生工作机制。支持社会体制机制创新,积极引导社会资本兴办教育、文化、卫生等社会事业,形成多元发展的格局。继续以实施民生工程为抓手带动其他民生问题有效解决,实行分类管养机制,加强项目绩效管理,提升民生工程实效。优化教育科技投入机制,完善经济社会发展与就业创业联动机制,改进收入分配制度,完善多层次、全覆盖、相衔接的社会保障体系。

(二)深化国有资本经营预算管理改革

探索编制中长期国有资本经营预算,并根据行业分类逐步提高国有资本收益上缴比例,保证国有资本经营预算收入的稳定增长。完善和规范国有资本经营预算的支出范围,划转部分国有资本充实社会保障基金。盘活国有资产存量,积极支持国有企业改制重组、资源整合和科技创新,支持股权多元化改革。支持和培育混合所有制经济发展,引导民营资本积极参与国有企业改革,提高国有资本放大功能,支持国有资产保值增值,增强国有企业持续发展活力。

(三)创新农村集体"三资"管理改革

支持实施清理核实农村集体所有的资金、资产、资源的存量、结构和分布,将投向村里的财政资金形成的资产计入集体合作经济组织,归全体村民所有。建立健全农村集体"三资"登记管理、村级会计委托代理等制度,加强集体经营管理核算和财务监督。支持引导和鼓励村集体盘活村级集体"三资",激活存量,优化增量。支持探索家庭经营、集体经营、合作经营、企业经营等多种经营方式,引入市场机制,鼓励金融下乡,采取股份、联营、租赁等形式,促进村级集体经济保值增值、做大做强,助力美好乡村建设,支持人居环境和生态修复保护,持续强农惠农富农。

（四）明晰财政分级支出责任改革

完善自治区以下财政体制改革，健全财力与事权相匹配的财政体制，发挥自治区与市县的积极性。按照科学客观界定政府与市场边界、省市县政府本级事务及共同事务的规定，明确各级财政支出责任，在现有财力格局总体不变的情况下，规范省市县财政支出。积极会同自治区直属关部门下放财政资金项目审批权，强化省级指导监管责任和市县分配、管理责任。省级对市县更多的通过均衡性转移支付和一般性转移支付方式给予支持。完善省直管县财政体制，理顺省与市辖区的财政分配关系，巩固和完善并创新县级基本财力保障机制，增强市县财政调控能力。

三、夯实财政可持续发展队伍保障

财政干部是财政改革发展的执行者、依靠和创造者。实现财政可持续发展，干部是决定性因素，努力打造一支业务精、作风硬、效率高的财政干部队伍。

（一）深化学习教育

完善党组中心组理论学习制度，丰富学习内容，创新学习方式，把集中学习与个人自学、政治理论学习与财政业务学习更加紧密地结合起来，抓好理想信念这个根本、党性教育这个核心、道德建设这个基础，巩固和发展党的群众路线教育实践活动取得的认识成果、实践成果和制度成果，坚持用党章来武装思想，学思结合、学研结合、学用结合。

（二）强化调查研究

把调查研究作为锻炼队伍、提升能力的重要平台，建立健全常态化调研机制，提高调查研究的针对性和有效性。严格控制会议、文件数量，减少事务性活动，安排更多时间深入部门、深入基层、深入群众。巩固"班子成员带头大走访"活动成果，深化城乡基层党组织结对共建，深化为民服务全程代理工作，真诚地向基层实践学习、拜群众为师、为人民和基层服务。

（三）坚持勤勉务实

在勤勉中务实、在务实中勤勉，用心用情用意对待财政事业。财政收入做到真实可靠，始终重视巩固提升收入质量。财政支出做到精打细算，勤俭办一切事业，集中财力办大事，多做打基础、利长远、建机制的事情。坚持居安思危、未雨绸缪、超前谋划，加强财政政策分析和形势趋势研判，自觉为自治区党委、自治区政府当好参谋助手。敢于坚持原则,讲规矩、讲程序,严格财政资金的分配关、使用关、监督关。

(四)严格权力约束

不断开展制度建设"回头看",对现行的财政制度进行全面梳理,对不符合新形势、新要求的制度予以修改完善,建立健全新的制度,填补制度建设的空白点,狠抓制度执行,切实推动用制度管好财政项目、财政资金和财政干部。严格遵守并认真落实党风廉政建设责任制,认真履行"一岗双责",时刻绷紧党风廉政这根弦。

(五)恪守节俭清廉

认真落实《党政机关厉行节约反对浪费条例》,管理使用好财政资金,贯彻执行好财政政策。科学合理制定预算单位费用开支标准和经费预算综合定额,并建立动态调整机制。健全"三公经费"管理和"小金库"治理长效机制。自觉接受人大、政协、审计和社会监督,积极稳妥地推进财政预算决算公开,增强预算的透明度。深入推进和进一步创新财政风险防控工作,着力构建预防、监控、处置长效机制。

四、增强财政可持续发展工作合力

注重发挥党组的核心作用和处室单位的战斗堡垒作用以及市县乡财政、预算单位财务的基础作用,进一步凝聚内部顺畅、系统联动、内外协同的工作合力。

(一)推进处室单位一体化

严格执行民主集中制,坚持党组的统一领导和班子成员的分权负责相结合,严格实行厅领导ABC岗工作制度,健全内部工作流程,加强内部协调沟通,做到有规可循、按章办事,有序衔接、强力推进。建立健全财政干部谈心谈话制度,鼓励直言敢谏,做到闻过则喜,时刻躬亲反思,凝聚集体力量。加强干部的教育培养、实践锻炼、选拔任用和监督管理,坚持五湖四海,摒弃私心,公道公正,匡正选人用人之风,分类别、分层次、一体化做好厅机关和厅属单位干部动态化管理工作。

(二)推进财政系统一体化

强化自治区财政对市县财政工作指导和系统上下交流互动,健全财政反腐倡廉建设联络员机制和行风巡查工作机制,结合财政政策管理、资金拨付使用和管理运行情况，加强对市县（区）财政政风行风巡查。实行省市县财政预算部门会商和乡镇财政资金监管帮联制度，进一步加强基层财政建设，形成依靠和重视基层、关心和支持基层、工作落实在基层、监管向基层延伸的工作格局。

（三）推进财政财务一体化

把财务作为财政预算管理的基础力量，视财政为财务的依靠，通过巩固深化与预算单位的会商机制打造财政财务互动平台，切实把财政的政策制度送到预算单位、把财政的管理监督送到预算单位、把财政的支持服务送到预算单位，做到换位思考、关口前移，对重大政策出台、重点改革推进、大额资金分配、重点资金支出等事项，定原则、定程序、定范围，督促预算单位财务部门明晰责任、厘清分工，对内明确责任处室单位、对系统强化督查、对外加强与财政的联系互动，不断加强财务制度建设和提升预算管理水平。

第六节　内蒙古自治区财政可持续发展的对策和措施

全面深化财税体制改革，将按照法治、分权、透明、公平和效率的基本原则，以建立健全责权明晰的现代分税制度、规范透明的现代预算制度、公平法治的现代税收制度和结构优化、运行高效的财政支出制度为核心的现代财政管理制度，来全面对接和匹配治理体系和治理能力的现代化。完善财政体制，提高地方财政可持续性是一个长期的系统工程，必须结合自身的现实情况逐步推进，具体而言，需在预算可持续、财政体制可持续和税收可持续等多个维度采取全方位、多渠道的举措。

一、预算可持续

预算的可持续性是财政可持续发展的保障，搭建真正的"全口径"、高质效和动态化预算管理平台，提高预算的可持续性。

第一，做好预算公开，以制度化形式规范"三公"经费公开。预算收支分类的各级次信息，包括类、款、项、目都需全面公开，并做出通俗易懂的说明。同时，在体制机制上，应建立对部门预算编制的监督和绩效考核机制、科学的部门预算支出绩效评价指标体系、部门预算公开的问责机制，并将其纳入政绩考核体系中。通过预算公开拓展公众监督渠道，从而管住资金，提高财政资金使用效率。

第二，预算"公开透明"是以"全面规范"为前提条件的先规范、后透明，是预算管理体制改革实施的基础。以规范力推透明，以透明倒逼规范，逐步实现全口径预算管理。同时，预算透明是预算规范的有效推力。按照透明预算的实质、分布要求，保持预算透明对预算规范的持续、适度的张力，明确预算规范的时间表和路线图。

第三，要克服速度情结，防止竭泽而渔。实事求是地看待收入增速变化，防止过高地确定财政收入预算目标。将预算管理的重点逐步由收支平衡状态向支出预算和政策拓展。一方面转移预算审核的重心，围绕支出预算和政策，切实提升财政治理能力。进一步清理规范重点支出与财政收支增幅或区域生产总值挂钩事项，建立健全财政政策的统一审核论证机制，提高公共资金使用效率，提升财政治理能力。另一方面将收入预算从紧约束性转向预期性，由收入任务数变为收入预期数，从而从收支平衡的预算审核紧约束中释放出来，有效践行有税尽收、无税禁收，要强化税收保障工作，并把它纳入政府绩效考核，有效提升依法治税水平。

第四，需做好新旧债务衔接，释放融资平台风险。新预算法对地方政府发债设置了包括举债范围、规模等九个方面的限制。规定除在国务院限额内发行地方政府债券之外，"地方政府及其所属部门不得以任何方式举借债务"。要以新预算法施行为界，对于存量债务要分类进行管理。统筹安排各项财政性资金，优先安排偿还地方政府负有偿还责任的存量债务；对于负有担保责任和一定救助责任的存量债务，开展实质性甄别，对合法合规的担保债务，要纳入或有债务监控范围。

第五，建立健全跨年度预算平衡机制，实行科学合理的中期财政预算管理。针对跨年度财政预算的特点，预算指标应根据上一期预算执行情况和相关实际情况的变化而滚动加以调整。严格规范超收收入管理，在控制年度赤字总规模的基础上，对年度预算超赤字，建立科学合理并具备可操作的跨年度补偿机制，将周期长的发展类、民生类项目实施跨年度管理，财政部门应每年上报三年期预算项目内容，并将当期预算收支计划与后两年预算实现跨期统筹，以增强预算管理的科学性、前瞻性和可持续性。同时，基于事权和支出责任的相适应原则，进一步厘清政府与市场的边界，合理、明晰和规范地调整省级和地市级政府支出责任，建立跨年度预算项目储备库。

二、财政体制可持续

当前,财政运行进入了新常态,创新财政体制,助力经济发展势在必行,保持财政体制可持续性的举措包括以下几个方面:

(一)建立事权与支出责任相匹配的省以下财政体制

首先,明确事权"清单",明确各级政府的公共支出责任,充分发挥各级政府的积极性。一是划定政府、市场与社会的活动边界;二是明确划定各级政府的事权范围和支出责任。基于公共品层级性和效益外溢性原理,对各级政府的事权范围和支出责任进行明确划分。按照市场自发性、财政公共性、社会自治性的基本原理,明确政府的财政供给责任。属于省级政府的公共产品服务由省政府负担;省内地方性的公共支出责任由各级市、县政府分别负担,以提高工作效率,降低管理成本;对于共同管理的事务,要区分不同的情况,明确各自的管理范围,而对于跨区域的财政支出责任,由相关地区及上级政府按一定比例负担。

其次,合理划分财政收入,为各级公共品供给提供稳定的财力支撑。在"分事"的基础上,应对各级政府进行"分税"。结合不同财政收入的财源属性和调控功能,根据各级政府事权范围和支出责任划分对现实财力的需求,合理配置政府间的收入归属及权限划分,明确各级政府的独享收入和共享收入,并以规范性的方式稳定共享收入的分享比例,为各级公共品供给提供稳定的财力支撑。

再者,完善转移支付制度,加大对财力薄弱地区的支持力度。例如,继续加大对贫困地区的转移支付力度,并进一步调整和优化转移支付的结构,提高转移支付资金的使用效率,从而进一步完善转移支付,促进地区的公共服务均等化;同时,加大对转移支付资金的监管,提高转移支付资金的使用效益,为基本公共服务均等化确立有效的财力补偿机制。在"分事"与"分税"的基础上,建立规范、透明、合理、高效的政府间转移支付制度,通过政府间的财力"分转"实现各级财政的平衡,保障区域间基本公共服务均等化的实现。

(二)构建规模稳定、结构优化与效率提高并重的财税管理体系

首先,通过稳定税负来稳定财政支出规模。对于地方而言,即大口径的宏观税费负担,政府从纳税人处以各种形式筹措的各类收入。通过稳定税负求得政府支出规模稳定,稳定政府支出的增幅及现行政府支出占GDP的比重,并使其不

再扩大和提升,是地方财政规模稳定的正确选择。

其次,以财政支出方式创新促进产业事业蓬勃发展。在稳定财政规模和优化财政支出结构改革的良好环境下,遵循经济规律,通过建立健全财政资金的进入、退出与监管机制,创新财政支出方式,结合财政支持对象的性质和特点,通过财政支持、鼓励与引导,充分调动市场和社会参与的积极性,拓宽、加深财政与市场、社会联动的广度和深度,重点支持科技、教育、医疗、卫生、文化等关键领域和民生领域,通过财政效率提升,有效促进地方产业事业发展。例如,灵活运用以奖代补、财政直补、股权参与、财政贴息、产业发展引导基金、创业投资引导基金、风险补偿基金等多种财政支持方式。

最后,以财政绩效化管理为核心,全面创新财政管理机制,构建以结果为导向的预算绩效目标管理和预算绩效评价与管理体系,实践应用"三位一体"的绩效管理模式,为及时纠偏预算执行、及时改进预算安排,实现资金的合理配置提供信息,以切实增强预算绩效评价的实际应用价值。

(三)加强政府性债务管理及风险控制,防控财政风险

第一,建立有效的政府债务管理制度体系。党的十九大报告还指出:"加快建立现代财政制度,建立权责清晰、财力协调、区域均衡的中央和地方财政关系。建立全面规范透明、标准科学、约束有力的预算制度,全面实施绩效管理。"这为从根本上解决政府债务产生的本质性问题,指明了方向。地方政府过度融资根本原因是地方发展经济的需要与可用财力不足之间的差异造成的,所以要解决这一根本性问题,只有真正建立起与事权相匹配的中央和地方的财政分配体制,才是解决问题的根本之策。同时,应将政府债务纳入预算体系进行管理,从债务计划审批、债务资金的使用、使用后的绩效评价以及还款资金的安排,全部按照财政资金来管理。

第二,建立权责发生制的政府综合财务报告制度。按照党的十八届三中全会精神和2014年新修订的《中华人民共和国预算法》要求,各级政府财政部门必须建立权责发生制的政府综合财务报告制度,以此推动政府的资产负债管理水平迈上新台阶。通过全面准确反映政府的资产负债状况,摸清政府"家底",加强政府资产管理和债务风险防控。可以说,编制政府综合财务报告是政府债务风险管理的前提和基础,只有这一基础牢靠了,才能制定出科学的、切实可行的债务风险防范和化解规划。编制反映一级政府整体财务状况的财务报告,可以为开展

政府信用评级、加强资产负债管理、改进政府绩效监督考核、防范财政风险等提供支持。

第三，制定完善的债务风险预警和化解管理规划。在综合财务报告编制完成之前，应根据已掌握的情况，结合实际制定出适用于短、中期的风险管理规划，待政府综合财务报告完成后再做相应的修改和调整。具体来说，一是要建立政府性债务预警指标体系。要能够较准确反映债务风险及其变化趋势的预警指标体系，这些预警指标除了按照上级要求的口径进行编制和测算之外，还应该根据政府债务的总体情况进行编制和测算，使其更为接近真实情况。二是要编制明晰的地方债务偿还规划。制订详细的短、中、长期债务偿还计划，并与各年度的财政收支预算、资金收支总预算相对应和衔接，严格考核执行。三是要明确应急处置措施。通过压缩公用经费、处置存量资产、引入社会资本等方式，按照资金到位的快捷性、资产处置的便利性、处置成本的高低等因素，综合考量，制订一套可操作的、快捷高效的风险应急预案。

第四，加快平台公司转制，创新投融资模式。进一步理顺政府与融资平台之间的关系，通过平台公司的业务转型，完善其自我造血机制，在业务发展方面，向实体化、多元化、跨区域化发展，增加自营业务收入，提高偿还能力。大力推动PPP模式，在公共服务、水务治理、基础设施等领域进一步创新投融资机制，引导社会资本投入经营性或半公益性项目，充分发挥社会资本特别是民间资本的积极作用，有效减少政府的融资需求，缓解政府性融资压力。通过股权融资、基金融资等方式引进投资性资金，减少债务性融资，以达到降低政府债务率，防范偿还风险的目的。

（四）创新财政支持机制，促进经济平稳较快发展和财政增收

调整和完善财税体制机制，建立起扩大内需、促进消费的长效机制。充分发挥财政在调整国民收入分配格局中的职能作用，不但要调整政府、企业和居民间的收入分配关系，而且要缩小居民内部的收入差距，以扩大居民消费需求。具体来说，一是要明确界定财政职能和财政事权范围，变"万能政府"为有效政府。二是要树立正确的民生理念，民生改善立足于保基本、兜底线、促公平，循序渐进、量力而行。三是要主动出击建机制。积极参与社保、医药卫生等领域的顶层设计，花钱买机制，增强政策的公平性和可持续性。四是要创新投入方式。在适当领域通过PPP、政府购买服务等方式引导社会资本投入。五是要创新调控思路

和方式，利用财政政策与货币政策等调控合力，推动科学发展、可持续发展和包容性发展。注重供给管理，通过进一步破除行政性垄断和管制壁垒，促进企业的自由进入和退出。支持补足"短板"，通过加大基础设施建设，促进养老健康、信息消费等现代服务业加快发展。支持有效化解过剩产能，淘汰落后产能。

三、税收体系可持续

当前"营改增"改革势必会对地方政府税收收入的规模和结构造成重大影响，为稳定地方政府的税收收入规模，以维持地方财政的可持续性，迫切需要重构地方税体系，为地方确立新的主体税种。新常态的财政运行环境下，保持税收的可持续性，全面推进财税体制改革，仍需深化税收制度改革，着力于优化税制结构和完善地方税体系，通过优化税制结构，提高税收收入占财政收入比重，解决长期以来税费结构失衡问题，结合税制改革，深入完善地方税体系。除了重构税收体系以外，可同时从以下几个点入手：

第一，科学制订税收计划，保持税收增长与经济增长的合理比例。税收计划是否科学合理，直接关系到税收与经济增长的比例关系。科学制订税收计划，关键在于兼顾财政需要与经济的税收贡献，制订出符合税源实际和财政需要的税收计划。一方面，可采用GDP税收负担率法编制税收计划，客观反映各地经济税收总体规模，消除各地经济发展不平衡给确定税收计划带来的差异，从而公平地区间、企业间的税收负担，增强税收宏观调控力度的作用，提高税收征管质量和水平；另一方面，可深入调查了解企业包括生产、经营、资金、税收、重点项目等在内的一系列经济税源信息。在及时有效地掌握税源信息的基础上，运用计算机、网络等先进技术和手段，通过建立科学的收入预测模型，开展税收分析趋势预测，使税收计划管理更具科学性和可行性。

第二，强化税源监控，掌握税收与经济总量关系。税源监控是税收管理的核心，放松了税源监控，税收则成为"无源之水""无本之木"。强化税源监控，需要不断完善税源监控机制，健全税源监控网络。税务系统内部要建立起一个科学、完善的信息系统，实现征、管、查各环节对纳税人的信息共享。通过内外并举，实现对税源的事前预警、事中监控、事后评价，最大限度地减少税收流失，搞清税收与经济总量的关系，为制定切实可行的税收政策提供可靠的决策依据。

第三，增加税源总量，税务部门合理调整征管工作重点。税收收入持续稳定增长的根本在于税源持续稳定的增长,产业结构、产品结构直接影响着税收的结构及增长规模。在三大产业中,第三产业提供的税收,是地税收入的支柱。因此,要从发展的长远考虑,合理调整产业结构,加快经济发展方式转变。税收征管的重点和力度不同,对税收收入的结构有着重大的影响作用。税务部门应改善产业税收结构,提高地方财力的比重,合理调整征收管理的重点,切实抓好重点行业重点环节的税收管理,建立健全护税协税网络,强化产权登记和信息共享制度,加强联合控管力度。与此同时,整顿规范税收秩序,营造公平的税收环境必不可少,如在税收政策方面,税务部门要认真落实各项税收优惠政策,支持产业结构调整,涵养税源。

参考文献

[1] 董碧娟. 财政收入稳步增长支出结构不断优化 [N]. 经济日报, 2018 - 06 - 15 (3).

[2] 胡兴旺. 加快财源高质量建设, 推动财政可持续发展 [J]. 农村·农业·农民 (A 版), 2018 (5).

[3] 闫茂斌. 2018 年上半年内蒙古财政收支情况分析 [J]. 北方经济, 2018 (7).

[4] 魏群. 内蒙古各盟市经济发展水平评价与比较实证研究——基于因子分析和聚类分析 [J]. 管理观察 2018 (9): 30.

[5] 张华. 内蒙古财政发展 70 年 [M]. 呼和浩特: 内蒙古大学出版社, 2017.

[6] 徐博, 杨世铜, 张强强. 财政支出结构效率研究——基于内蒙古自治区的实证分析地区 [J]. 财政监督, 2017 (6).

[7] 李燕, 彭超. 加大财政资金统筹使用促进财政可持续发展 [J]. 财政监督, 2017 (6).

[8] 本刊评论员. 财政可持续性: 当前视角和长远思考 [J]. 财政监督, 2017 (6).

[9] 汪昊. 建设现代财政制度实现财政可持续发展 [J]. 财政监督, 2017 (8).

[10] 邓晓兰, 陈宝东. 经济新常态下财政可持续发展问题与对策——兼论财政供给侧改革的政策着力点 [J]. 中央财经大学学报, 2017 (1).

［11］财政可持续发展研究课题组，张东玲，何洲娥．新常态下地方财政可持续发展研究［J］．公共财政研究，2017（1）．

［12］课题组．新时期促进中国财政可持续发展的对策建议［J］．经济研究参考，2017（30）．

［13］李顺明，杨清源，葛琳玲等．新时期推进中国财政可持续发展的思考［J］．地方财政研究，2017（4）：81－87．

［14］张勤和．深化财税体制改革实现财政可持续发展［J］．中国财政，2017（7）：20－21．

［15］陈世杰，周利光，杨志坚．内蒙古财政收入与经济增长的协整关系研究［J］．经济研究参考，2016（59）：105－109．

［16］高培勇，汪德华．"十三五"时期的财税改革与发展［J］．金融论坛，2016（1）．

［17］白彦锋，乔路．防范系统性财政风险的财政治理研究［J］．财政研究，2016（1）．

［18］杨志勇．脱开支出看财政收入是片面的［N］．北京日报，2016－01－25（19）．

［19］周宾，武永义．地方财政发展可持续性评测与优化策略——以陕西为例［J］．地方财政研究，2016（7）：69－74．

［20］汪娟娟．关于我国财政可持续性的观点综述［J］．经济研究参考，2016（48）．

［21］冯珉．如何看待财政收入增速放缓［N］．安徽日报，2015－2－9（10）．

［22］侯岩．"十三五"时期内蒙古财税体制改革研究［M］．中国财政经济出版社，2015年．

［23］佚名．内蒙古工业结构调整优化升级财政支持政策研究［C］．中国财政学会2015年年会暨第二十次全国财政理论讨论会交流材料汇编之二，2015．

［24］林翰．新常态下地方财政可持续发展对策研究［J］．发展研究，2015（11）．

［25］李忠峰．今年财政收入增长将趋平缓［N］．中国财经报，2014－04－19（1）．

[26] 罗建国. 经济转型中的财政可持续发展研究 [J]. 经济研究参考, 2014 (4).

[27] 刘寒波. 公共服务、财政行为与非税收入——政府非税收入在公共收入体系中的地位与作用 [J]. 求索, 2014 (8).

[28] 张亚斌, 彭舒. 非税收入对经济增长有贡献吗？——基于湖南省非税收入结构视角的经验证据 [J]. 经济与管理研究, 2014 (4).

[29] 谭立. 政府非税收入收缴管理原则与完善措施 [J]. 中央财经大学学报, 2014 (3).

[30] 欧文汉. 改革完善政府非税收入管理 [J]. 财政研究, 2013 (7).

[31] 朱尔茜. 政府非税收入管理的国际比较与借鉴 [J]. 求索, 2013 (4).

[32] 许多奇. 非税收入的合法性探讨 [J]. 法学, 2013 (4).

[33] 贺蕊莉. 非税收入扩大收入分配差距问题研究 [J]. 财政研究, 2013 (1).

[34] 赵卫亚. 面板数据模型的类型识别检验 [J]. 决策与统计, 2013 (18).

[35] 任芳. 政府非税收入优化管理研究 [D]. 山东大学硕士学位论文, 2012.

[36] 杨可. 中国西部地区经济增长省际比较研究——兼论西部大开发战略的实施效果 [D]. 吉林大学硕士学位论文, 2012.

[37] 根锁, 苏德斯琴, 阿如旱等. 内蒙古区域经济差异变动轨迹分析 [J]. 特区经济, 2012 (4).

[38] 王振宇, 连家明. 地方财政可持续发展问题研究 [C]. 中国财政学会2012年年会暨第十九次全国财政理论讨论会, 2012.

[39] 张学良. 中国区域经济增长新格局与区域协调发展 [J]. 科学发展, 2012 (7).

[40] 刘志雄. 非税收入对中国经济增长的作用——基于全国31个省区面板数据的实证 [J]. 生产力研究, 2012 (9).

[41] 张振玉. 政府非税收入管理问题及对策 [J]. 河北学刊, 2012 (3).

[42] 郭小聪, 李谭君. 非税收入改革的政治逻辑——基于J省A区的个案

研究［J］．中山大学学报（社会科学版），2011（6）．

［43］聂少林．地方政府非税收入管理创新研究［D］．东北财经大学博士学位论文，2011．

［44］聂少林．地方政府非税收入现状、问题及管理创新［J］．社会科学辑刊，2011（1）．

［45］聂少林．国外政府非税收入规范管理经验借鉴及启示［J］．财政研究，2010（12）．

［46］陈强．高级计量经济学及 Stata 应用［M］．高等教育出版社．2010．

［47］魏光明．促进我国环境保护非税收入政策的思考［J］．税务研究，2010（7）．

［48］史生荣，王宇昕．增强内蒙古自治区基层政府提供公共服务能力的财政政策研究［J］．经济研究参考，2010（64）：7－12．

［49］任文，邓鸿志，王喜武．关于2000年以来内蒙古财政收入增长的因素分析［J］．内蒙古财经学院学报，2010（2）：86－89．

［50］史生荣，王宇昕．改革开放30年少数民族地区财政工作研究——以内蒙古自治区为例［J］．经济研究，2010（3）．

［51］刘永在．自然资源禀赋与内蒙古经济发展关系研究［D］．内蒙古大学硕士学位论文，2010．

［52］金相郁，武鹏．中国区域经济发展差距的趋势及其特征——基于GDP修正后的数据［J］．南开经济研究，2010（1）：79－96．

［53］杨志宏．"可持续财政"理念辨析［J］．地方财政研究，2010（7）：38－40．

［54］邓力平，邓秋云．非税收入：基于国家财政、公共财政和发展财政的分析［J］．财政研究，2009（9）．

［55］宣春艳，任前卯．内蒙古财政收入与经济增长关系的实证研究［J］．内蒙古科技与经济，2008（23）：7－8．

［56］内蒙古财政科学研究所课题组，崔更发，史生荣，王宇昕．内蒙古财政收入结构与经济结构关系研究［J］．经济研究参考，2008（38）：29－46．

［57］内蒙古自治区财政科研所课题组．内蒙古财政收入结构与经济结构关系研究［N］．中国社会科学院院报，2008－02－26（7）．

[58] 高铁梅. 计量经济分析方法与建模 [M]. 北京：清华大学出版社，2006.

[59] 甄江红，赵明，周瑞平. 内蒙古区域经济发展水平的评价研究 [J]. 经济地理，2005（9）：690-693.

[60] 李文进. 关于内蒙古财政收入占 GDP 比重的分析与建议 [J]. 内蒙古财经学院学报，2005（6）：69-74.

[61] 国家统计局. 改革开放40年经济社会发展成就报告.

[62] 国家统计局. 中华人民共和国2017年国民经济和社会发展统计公报.

[63] 内蒙古自治区统计局. 改革开放40年内蒙古经济社会发展系列成就.

[64] 内蒙古自治区统计局. 内蒙古自治区2017年国民经济和社会发展公报.